二战风云
震撼博览

史诗巨著
全彩呈现

奴才媚相

第二次世界大战主要傀儡

胡元斌 严 锴 主编

台海出版社

前言 PREFACE

1937年7月7日，驻华日军在卢沟桥悍然向中国守军开炮射击，炮轰宛平城，制造了震惊中外的“七七事变”，中国的抗日战争全面爆发。1939年9月1日，德国入侵波兰，第二次世界大战正式开始。1945年9月2日，日本签署投降书，第二次世界大战宣告结束。

这是人类社会有史以来规模最大、伤亡最惨重、造成破坏最大的全球性战争，也是关系人类命运的大决战。这场由德、意、日法西斯国家的纳粹分子发动的战争席卷全球，世界当时人口总数的80%的20亿人口受到波及。这次世界大战把全人类分成了两方，由美国、苏联、中国、英国、法国等国组成的反法西斯同盟国与由德国、日本、意大利等国组成的法西斯轴心国，进行对垒决战。全世界的人民被拖进了战争的深渊，迄今为止这是人类文明史上绝无仅有的浩劫和灾难。

在这场大战中，交战双方投入的兵力和武器之多、战场波及范围之广、作战样式之新、造成的损失之大、产生的影响之深远都是前所未有的，创造了许多个历史之最。

第二次世界大战的胜利具有伟大的历史意义。我们历史地、辩证地看待这段人类惨痛历史，可以说，第二次世界大战的爆发给人类造成了巨大灾

难，使人类文明惨遭浩劫，但同时，第二次世界大战的胜利，也开创了人类历史的新纪元，给战后世界带来了广泛而深远的影响。促进了世界进入力量制衡的相对和平时期；促进了一些殖民地国家的民族解放；促进了许多社会主义国家的诞生；促进了资本主义国家的经济、政治和社会改革；促进了世界科学技术的进步；促进了军事科技和理论的进步；促进了人类认识史上的一场伟大革命；促进了世界人民对和平的深刻认识。

第二次世界大战的胜利也是世界人民反法西斯战争的胜利，成为20世纪人类历史的一个重大转折，它结束了一个战争和动荡的旧时期，迎来了一个和平与发展的新阶段。我们回首历史，不应忘记战争给我们带来的破坏和灾难，以及世界各个国家和人民为胜利所付出的沉重代价。我们应当认真吸取这次大战的历史经验教训，为防止新的世界大战发生，维护世界持久和平，不断推动人类社会进步而英勇奋斗。

这就是我们编撰《第二次世界大战纵横录》的初衷。该书综合国内外的最新研究成果和最新解密资料，在有关部门和专家的指导下，以第二次世界大战的历史进程为线索，贯穿了第二次世界大战的主要历史时期、主要战场战役和主要军政人物，全景式展现了第二次世界大战的恢宏画卷。

该书主要包括战史、战场、战役、战将和战事等内容，时空纵横，气势磅礴，史事详尽，图文并茂，具有较强的历史性、资料性、权威性和真实性，非常有阅读和收藏价值。

目录 CONTENTS

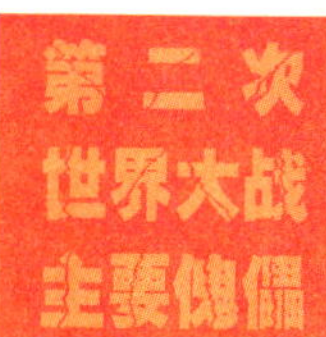

陈公博

周佛海

陈璧君

褚民谊

李士群

217

奴才媚相

第二次世界大战主要傀儡

贝当

亨利·菲利普·贝当，法国陆军将领、政治家。1940年6月，贝当在德军向法国内陆大举推进之际就任法国总理，6月22日与德国签订停火协定。根据该协定，法国的大部分地区被德军占领。战争期间，贝当政府不仅为轴心国提供了大量物资，还曾下令在海外属地的法军对抗盟军。1945年，贝当回到法国接受审判，被判处死刑，后改判终身监禁。

外敌入侵 自愿签订屈辱条约

1856年，亨利·菲利普·贝当生于法国加莱海峡省一个农民家中。1871年，法国在普法战争中惨败，耻辱感笼罩了整个法国，这使少年贝当立志做一名军人。

1875年，贝当考入圣西尔军事学校。凭着深厚的军事造诣，贝当毕业后很快就脱颖而出，进入了国家射击学校担任教官。但在战略思想上，贝当大力提倡防守，与法国当时盛行的进攻战略思想大相径庭，因此一直未能得到重用。

1876年毕业，贝当被分配到法军第二十四轻步兵营任少尉排长。

1888年，贝当进入陆军大学深造。毕业后，在陆军大学任教。由于在任教期间宣扬不适当的防御理论，而没有得到上司的赏识。

第一次世界大战的爆发，为贝当提供了施展才能的舞台。在马恩河会战中，他指挥一个步兵团打退德军一个师的进攻，从而受到法军最高统帅部的重视，被晋升为将军。次年夏天，他又被提升为法军第二集团军司令。

在1916年凡尔登会战中，正当数十万法军面临被德军前后夹击的危急时刻，贝当及时率援军赶来，粉碎了德军的攻势，保证了凡尔登战役的胜利。贝当因此成为了欧洲闻名的“凡尔登的征服者”，并于1917年被任命为法军总司令。

1918年11月，贝当晋升为元帅，并出任法国最高军事会议副主席和陆军总监。

1934年2月，贝当出任杜梅格内阁的陆军部长，涉足政界。任职期间，贝当没有把握时机有效地提高法军的作战能力。1939年至1940年，贝当出任法国驻西班牙大使。

1940年5月，德军开始进攻法国，作为永久性防御工事的马其诺防线不攻自破。

先后由莫里斯·甘末林和马克西姆·魏刚指挥的法军节节败退，国内政局混乱。保罗·雷诺总理为控制局势，建立最广泛的民族团结，调动了国内的各种力量，贝当也应召回国出任内阁副总理。

结果，在继续作战还是通过求和结束战争这个问题上，法国政府内部分为两派，一派以雷诺总理为首，另一派以贝当为首。

在6月13日至16日为期四天的戏剧性讨论之中，贝当公开而毫无保留地当了主和派的领袖。

贝当向内阁宣读了一份备忘录，排除了在法国本土以外继续战斗的任何想法，而在本土以内他又坚信法国业已战败，剩下的只有设法缔结一项体面的和约。贝当以一种无可奈何的口吻说，法国的复兴不可能通过军事上的胜利来取得，而应是“祖

法国总理贝当

国及其子孙承受苦难”的结果。停战并不是对战败的惩罚，而是一个新的开端，即“保证不朽的法兰西永世长存的一个必要的条件”，贝当甚至以辞职相威胁。

1940年6月16日晚，在迫不得已的情况下，雷诺辞去总理职务，阿尔贝·勒布伦总统任命贝当组阁。

贝当发表广播演说：“我把本人献给法国，来减轻它的痛苦。”

就在16日夜间，贝当即请求西班牙政府充当法国与德国谈判的中间人。

第二天，贝当下令法军停火，这就等于承认放弃战斗，从而使法国在同德国谈判停战与议和条件时处于极为不利的地位，在很大程度上限制法国政府拒绝或商讨德方所提条件的任何可能性。

他为了达到停战的目的，竟然答应了纳粹德国对于停战提出的十分苛刻的条件。

1940年6月22日，在法国东北部的贡比涅森林——第一次世界大战结束时德国签署投降书的地方，法国代表查理·亨茨格将军在贝当的授意下，同德国最高统帅部参谋长凯特尔元帅在停战协议上签字。

根据该协议：

法国必须割让包括巴黎在内的五分之三的国土；

法国政府必须每天为德国占领军支付4亿法郎的占领费；

法国的空军、陆军不得超过10万人；

法国政府必须在政治、经济、军事、外交等方面与德国保持一致，不得有任何与德国相违背之处。

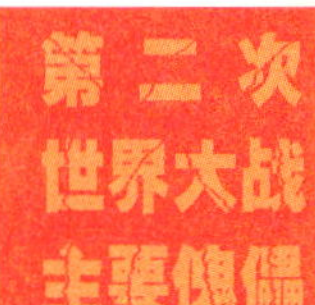

投靠纳粹
充当德国战争帮凶

1940年7月1日，德国军队占领法国后，法国政府迁都至维希。参、众议院决定宪法暂停实施，并选出亨利·菲利普·贝当为国家元首，是为维希政府。

10日，国民议会以569票赞成80票反对通过决议，授予贝当制定新宪法的全权。新宪法以“法兰西国家”代替了“法兰西共和国”，以“劳动、家庭、祖国”代替了自1789年继承下来的“自由、平等、博爱”。

贝当被授予“国家元首”的称号并兼任总理，拥有召开国民议会、制定行政立法、指挥军队、任命或撤换部长等多种权力，几乎比路易十四的权力还要大。

10月24日，贝当前往距巴黎约一百千米的蒙托瓦镇，专程拜访希特勒。

当晚18点，贝当在德军司令凯特尔的陪同下走向希特勒专列所停靠的月台。

希特勒已站在月台上，先向贝当伸出了手：“你愿不愿意与我们一起工作？”

希特勒向贝当提出，如法国参加对英战争，就可以在北非维持超出停战协定规定的军队，保证法国保留原有殖民地。

受宠若惊的贝当立刻表示同意。从这天起，“停战”变成了“合作”。

一周后，贝当公开发表讲话，表示愿同纳粹德国进行真诚的“合作”。

另外，阿尔贝特·勒布伦也辞去法国总统职位。于是，第三共和国变

成了一个专制独裁的国家。在这个国家中，敌视民主成了主导政治的强大力量，而贝当则成为纳粹的傀儡。

随即，以贝当为首的维希政府颁布了反犹太人的法律，规定：

犹太人在法国必须佩带黄色的大卫之星标志，否则法国政府可以随时将他们拘留或逮捕；

犹太人不得在法国担任公职，不能从事新闻、工商等众多职业。

维希政府抓捕了法国境内85%的犹太人，并将7.6万犹太人强行运往波兰的集中营。

在经济方面，维希政府则将法国在南斯拉夫和保加利亚拥有的铜矿让与德国。

贝当极力讨好希特勒，可仍然没有取得希特勒的信任，不久，德国纳粹就推出赖伐尔掌握维希政府的实权，将贝当置于徒有虚名的国家元首的地位。

维希政权的第一时期从1940年7月10日至12月13日，可称为贝当—赖伐尔时期。

应该指出，贝当碍于体面，和德国人的合作多少有些羞羞答答，不时使出他惯用的两面手法。

当他和赖伐尔赤裸裸的亲德卖国行为发生严重的意见分歧时，1940年12月13日，贝当下令拘留赖伐尔，并且派一支可靠的队伍将其护送到他的私人住所里去。

对于这个相当令人吃惊的事件，德国当局并不知道。于是，从1940年12月13日至1942年4月18日开始了政权的第二时期，称为贝当—达尔朗时

期。

原海军总司令达尔朗上将变成政权的第二首要人物。但赖伐尔在德国人的支持下于1942年4月19日重新执政，开始了政权的第三时期。

这时又颁布了新的制宪法令：

法国对内和对外政策的实际领导权全部授予政府首脑(即赖伐尔)，政府首脑由国家元首任命，并直接对国家元首负责。

战场上的坦克

这实际上把贝当变成了壁炉台上的一件小摆设。

1942年11月8日，盟军在北非登陆。贝当命令在阿尔及利亚的达尔朗与盟军配合作战，同时又发布电文抗议盟军登陆。

法国人在阿尔及尔的抵抗是象征性的，事实上已经向盟军打开了北非大门。德国人因此认为停战条款已经不起作用，于11月11日出兵占领法国南部地区，维希也变成德国人公开当家做主的地方了。

尽管如此，贝当的投降主义和合作主义，对法国丧失民族主权独立，蒙受德国侵略者的欺凌和蹂躏，负有不可推卸的重大责任。贝当政治上的软弱无能使他不能阻止赖伐尔之流彻底的卖国行为，有意无意地扮演着“合作”的主角。

贝当镇压统治区内的任何反德活动，并提供原料、商品支付德国的占领费用，从4亿法郎到5亿法郎，1944年7月又增加到7亿法郎。贝当在广播中号召为德国招收劳工，设立强制劳动局。

在德国出兵占领法国南方时，许多法国人希望贝当离开维希，但是他没有离开，仍然留在那里，仍然忠于一个过于简单的政策概念——在祖国受难的时候，不应该抛弃本国的土地和自己的同胞。

这是贝当个人的悲剧。

1944年8月21日，根据希特勒的命令，德国占领军将以贝当为首的维希政府全体成员押送到德国的西格马林根堡“保护”起来。盟军攻入德国本土后，又将他们转移到瑞士的一个小城镇。

德国投降前夕，穷途末路的贝当向法国临时政府自首。

1945年7月23日，法国最高法院开庭审判贝当。起诉书列出了贝当的几条罪状：

同德国签署停战协定，违背了法英同盟条约；

配合德国，对英国和其他盟国采取敌对行为；

同赖伐尔一起，动员全国工业部门支持纳粹德国进行侵略战争，并向德国输出大批法国劳工；

建立独裁政权，私自允许德国控制本国领土。

贝当在长达20多天的审判中一言不发，他的辩护律师则十分活跃，说贝当这些行为是无奈之举，也没有完全与德国合作，等等。

辩护律师还威胁法庭说，如果贝当被处死，国家将会面临分裂的危险，法国人民也会感到痛心。

旁听的人们受到辩护律师的蛊惑，不停地为律师的辩护词喝彩，以至于法官气愤地大叫："这个厅里怎么全是德国人！"

8月14日，判决出来了，贝当因犯通敌罪被判死刑，没收一切财产，并且被宣布为"民族的败类"。

此外，法庭还认定他犯有"误人罪"。许多正派的公民因为他过去是英雄而信任他，结果被引入歧途。但戴高乐为了维护国家团结，签署了特赦令，把贝当的死刑改为终身监禁。

1951年，贝当死于法国西海岸的耶岛，卒年95岁。

奴才媚相

第二次世界大战主要傀儡

赖伐尔

皮埃尔·赖伐尔，法国政治家，社会党人。20世纪30年代，曾担任过多个内阁职位，并两度担任法国总理。第二次世界大战期间，支持贝当上台。法国沦亡后，在希特勒的支持下，于1942年4月出任总理，纵容纳粹德国对法国人民的凌辱，并动用法国的经济力量支持德国法西斯的侵略战争。法国光复后，1945年10月9日被巴黎高等法院以叛国罪判处死刑。

签订《罗马协定》出卖非洲利益

1883年6月28日，赖伐尔出生于法国多姆山省的夏特尔东。赖伐尔靠自学成为中学的辅导教师，继而攻读法学课程，获学士学位。从1907年起，赖伐尔在巴黎当律师。

赖伐尔开始从政就表现出强烈的机会主义倾向。

20世纪初，法国工人运动高涨，社会党领导工人进行经济和政治斗争，在工人中和社会上赢得了声誉。赖伐尔在1903年加入法国社会党。他曾为工会和左派人士辩护获胜，因而一举成名。

1914年至1919年担任众议员；1920年因选举失败而退出社会党；1924年以独立社会党人的身份再度当选为众议员；1927年成为参议员。1934年以后在杜梅格和费朗丹两届内阁中任外交部长；1935年出任总理兼外交部长。

1935年1月7日，赖伐尔与意大利总理墨索里尼在罗马签署了一系列改善两国关系的协定和文件，统称《罗马协定》。

法意《罗马协定》的缔结源于法国制衡纳粹德国的政策需要。

1933年希特勒在德国上台后积极扩充军备，并因此于10月退出国联和国联主持的裁军大会。面对德国形势的恶化，法国人急于控制局势的发展。

1934年4月17日，法国政府公开声明：

法国正式拒绝承认德国重新武装的合法性，由于德国重新武装……法国今后将通过自己的手段保障自己的安全。

法国的最终目的，是希望通过扩大第一次世界大战后它在欧洲建立的军事同盟体系，来遏制纳粹德国的扩张野心。因而所谓“自己的手段”实际上就是寻找新的盟友，以加强已有的军事同盟。与意大利接近乃是法国实现上述外交目标的重要步骤之一。

事实上，在4月17日声明发表后仅过两天，法国政府就为改善与意大利的关系作出了姿态：4月20日，法国外长巴都照会意大利政府，表示一旦法意在欧洲普遍安全问题上达成谅解，法国将立即开始考虑解决法意矛盾及签订友好仲裁条约。

此后，法国商业部长与法国退伍军人代表团又先后赴意大利访问，为法意接近铺路。

5月25日，巴都在众议院明确表示：“法国与意大利并不是不可能在一种诚恳、忠诚而又明确的缓和中合作的。”

赖伐尔

对于法国亲近的表示，意大利反应积极。不过与法国不同，它的主要目的不在于如何遏制德国，而是在于如何借机吞并埃塞俄比亚。

意大利图谋埃塞俄比亚的野心由来已久，早在19世纪后期，意大利就曾发动过对埃塞俄比亚的侵略战争，但由于1896年阿杜瓦战役的惨

墨索里尼

败，意大利的图谋没有得逞。

第一次世界大战后，随着法西斯势力的上台，意大利武力吞并埃塞俄比亚的野心又开始膨胀。但由于战后英法势力已经渗入埃塞俄比亚，并且都拥有着巨大的经济利益，如法国控制着埃塞俄比亚港口吉布提到首都亚的斯亚贝巴的铁路运营，这意味着意大利要想独吞埃塞俄比亚，必须事先获得英法的认可。

对此，墨索里尼在1933年1月就曾明确表示，“只要我们在欧洲得到绝对的授权”，“在埃塞俄比亚采取一场类似战争的行动”，将可以确保征服计划的成功。因此，法国政策的调整无疑给意大利实现其侵略野心提供了一个求之不得的机会。

然而，由于法意在殖民地上遗留很多历史问题，这使两国接近初期进展缓慢。

直至1934年7月，纳粹分子刺杀奥地利总理陶尔菲斯引发奥地利危机之后，法意在维护奥地利独立问题上找到共同点，才使两国接近的步伐大大地加快。

9月1日，墨索里尼正式邀请巴都在10月底访问罗马；9月5日，巴都指示法国大使先与意大利方面拟订讨论提纲，为出访作准备；9月27日，法意会谈提纲拟订；10月3日，巴都将他访问意大利的日期定在11月4日至11日。

但是，由于10月9日巴都在马赛遇刺身亡，他计划中的罗马之行未能实

现，法意接近的外交目标最终是由他的继任者赖伐尔完成的。

赖伐尔在笼络意大利方面比巴都更加积极主动，当时法国的《共和国报》曾将赖伐尔的外交活动概括为："在多年的误解与冲突后，恢复与我们的邻国意大利的友好关系。"

在赖伐尔眼中，意大利是连接法国与其东欧军事盟国的桥梁，在制衡德国的危险方面具有重大的战略价值。

法国军方全力支持赖伐尔的看法，并强调法国一旦与意大利结盟，不但可以把法意边境的10个师调到法德边境上来，而且有助于在战时顺利调回法国驻扎在北非的军队，这对改善法德军事力量对比具有重要意义。

因此，赖伐尔在10月9日上任后，把推进与意大利的结盟列为法国外交的首要任务，并采取了积极的行动。

10月31日，赖伐尔致电法国驻意大使德尚布伦，详述了法国对意外交的主要立场与目标，并指示他在此基础上立即与意大利进行谈判。

电报中，除了对法意两国关于殖民地等历史遗留问题一一做了指示外，还明确提出了法国在以下三个问题上的要求：

军备协定，法意应就两国在德国破坏凡尔赛和约军事条款时相互磋商达成协定；

奥地利问题，法意及小协约国共同保证支持奥地利独立及不干涉其内政；

意南关系，希望意大利与南斯拉夫签订仲裁与协商条约，谈判解决分歧。

11月20日，德尚布伦会见墨索里尼，法意谈判正式开始。

法意谈判期间，埃塞俄比亚问题始终是影响谈判进展的关键问题之一。早在八九月份双方最初拟订谈判议程时，意大利就丝毫不掩饰他们对埃塞俄比亚的企图，将法意在埃塞俄比亚的利益划分列为谈判的重点问题，以至于

法国人一开始就预感到埃塞俄比亚问题将会成为谈判的关键。

1934年12月5日发生的瓦尔瓦尔事件，使意大利吞并埃塞俄比亚的野心进一步膨胀，埃塞俄比亚问题也随即成为法意谈判的首要内容。

12月6日，即瓦尔瓦尔事件发生的次日，意大利代表苏维奇向法国大使明确提出了有关两国在埃塞俄比亚利益划分的问题，要求法国允许意大利参与吉布提—亚的斯亚贝巴铁路的经营，并支持意大利在埃塞俄比亚自行修建一条铁路。此后，又要求法国放弃在埃塞俄比亚的其他经济利益。

12月17日，法国大使德尚布伦向赖伐尔汇报："对于苏维奇先生提出的关于我们在埃塞俄比亚放弃经济利益的问题的回应将事关根本利益。事实上，从我们的观点看，这个回应是谈判的关键。"

但是，当时法国政府关心的重点并不在埃塞俄比亚。12月15日，赖伐尔在内阁中将法国对意政策的目标概括为以下三点：

第一，希望意大利在德国重整军备问题上支持法国的立场；

第二，如果恢复裁军谈判，法意相互支持保留对德优势，以确保本国安全；

第三，法意在奥地利问题上合作。

因此，赖伐尔有意将埃塞俄比亚问题作为与意大利讨价还价的筹码，在达到目的之前不肯轻易让步，致使法意谈判在12月下旬一度停滞不前。

然而，此时墨索里尼已经决心动用武力征服埃塞俄比亚。他在12月20日亲自起草了一份针对埃塞俄比亚的行动纲领，其中明确指出：意大利行动的最终目的是摧毁埃塞俄比亚的武装力量并全面征服这个国家。

在这种情况下，为使征服埃塞俄比亚的计划能够顺利实施，意大利急于在法意谈判过程中与法国达成妥协。

12月25日，墨索里尼对意大利谈判代表阿洛伊西说，由于"埃塞俄比亚问题在我们与法国缔结一项协定后才算准备就绪，目前有必要使事情进展得

快些”。

为此，墨索里尼在12月27日亲自召见法国大使，表示意大利同意法国在有关奥地利独立及德国重整军备等问题上的立场，但条件是要求法国在埃塞俄比亚问题上作出让步。

对此，墨索里尼明确提出两点要求：

一、法国允许意大利参股吉布提—亚的斯亚贝巴铁路的经营；

二、法国政府秘密地承诺法国在埃塞俄比亚的经济利益仅局限于铁路沿线。

法国大使在当天给赖伐尔的电报中写道：“墨索里尼对我毫不掩饰地说，这一点将是协定获得成功的关键。”

遵守秘密承诺 放弃正当权利

由于意大利在主要的问题上满足了法国的要求，所以法国决定在埃塞俄比亚问题上回报意大利。

赖伐尔在12月29日提出一份有关法国在埃塞俄比亚的经济利益的协定草案，其中同意将法国的利益限制在吉布提—亚的斯亚贝巴铁路沿线，要求法国大使在此基础上与意大利谈判。

至此，法意谈判获得突破性进展，尽管具体细节还有待于敲定，但法意协定已基本成型，因而赖伐尔的罗马之行也随即提上日程：启程时间定于1935年1月4日。

1935年1月4日，赖伐尔如期抵达罗马。

从1月5日开始，法意两国谈判代表就有关协定的最终文本进行了为期两天的讨论，其间有关埃塞俄比亚问题的谈判曾一度陷入僵局，最后协议是赖伐尔与墨索里尼在1月6日夜晚进行了绝密的单独会谈后才达成的。

1月7日晚20时，法意《罗马协定》正式签字。

《罗马协定》是一系列文件的总称，主要包括以下八个文件，即《法意共同维护和平的宣言》《法意关于共同维护奥地利现状的议定书》《关于法意在非洲利益的条约》《关于意大利人在突尼斯地位的议定书》《法意保证自由通过曼德海峡的议定书》《法意关于裁军问题的议定书》，以及墨索里尼致赖伐尔的两封信。

在这八个文件中，前四个文件是公开发表的，主要涉及奥地利问题以及两国在非洲殖民地侨民和经济利益等历史问题，其内容基本上为人所知。后四个为秘密文件，内容涉及法意就德国军备问题和埃塞俄比亚问题所做的政治交易，它们才是《罗马协定》真正的核心所在。

在四个秘而不宣的文件中，法国的收获主要体现在《法意关于裁军问题的议定书》中。该议定书不但宣布两国一致反对德国单方面重新武装，而且还明确规定了两国在下列两种情况下所应采取的行动：

在德国单方面重新武装的情况下，法意应就双方将要采取的态度进行协商以便协调行动；

在形势允许恢复裁军谈判的情况下，两国政府应在有关军备限制的数额方面共同合作，以便能够确保两国在彼此公平的基础上拥有相对于德国的优势。

从这份议定书的内容看，法国不仅在德国军备问题上的立场获得了意大利的认同，而且为法意缔结军事同盟做了铺垫。事实上，《罗马协定》缔结三天后，法意军事参谋长会议便开始筹备了。由此可见，法国拉拢意大利、孤立德国的政策已经初见成效。

赖伐尔事后曾得意地表示，他在罗马得到了巴都所切望而未实现的结果："希特勒和墨索里尼两人的联系已被削弱了；意大利倾向法国了；奥地利的独立已有保证了；欧洲和平的基础已奠定了。"

为此，大多数法国人都将《罗马协定》看做是法国外交的一大胜利，法国参众两院先后都以绝对多数票通过了该协定。社会党领袖布鲁姆甚至不无夸张地评价说："这些公布的协议……是如此的高贵，如此的完美，如此的寓意深远，以至于即使只有一部分得以实现，人们也会感到高兴。"

然而，法国在《罗马协定》中取得的成果是靠牺牲第三国——埃塞俄比亚的利益换来的。法意关于埃塞俄比亚的秘密协议是以墨索里尼致赖伐尔的两封书信的形式表述的，这两份"必须严格保密"的文件，分别表述了法国所作出的两点让步：

第一，法国政府向意大利政府声明，除了有关自吉布提至亚的斯亚贝巴的铁路交通相关的经济利益之外，法国不在埃塞俄比亚寻求其他方面的利益；

第二，为了便于两国在自吉布提至亚的斯亚贝巴铁路利益上更紧密地合作，法意确认该线法国特许公司出让2500股公司股份给意大利公司。

此外，赖伐尔还在与墨索里尼的私下秘密会晤中口头作出了允许意大利在埃塞俄比亚“放手行事”的承诺。

尽管赖伐尔事后辩解说，他当时“全部的考虑就是意大利将只会以和平

准备发动进攻的武装部队

的方式来利用这个行动自由”，同时极力否认会谈中“存在任何可能推动或鼓励意大利动武的事”，但这并不能否认法国已默认了意大利对埃塞俄比亚存有野心的事实。

因为不论赖伐尔允许意大利自由行事的承诺是否意味着认可意大利动武，法国的确将埃塞俄比亚作为外交筹码出卖给了意大利，而这一点恰恰是日后导致意埃冲突步步升级，直至意大利最终发动侵略战争的关键一环。

1935年年底，意大利外交部的一份文件充分证实了这一点："实质上，埃塞俄比亚的命运及法国在东非问题上的立场在墨索里尼与赖伐尔罗马会谈结束时就已经决定了。随着1月7日信件的起草及赖伐尔口头的保证，法国政府已注定同意意大利为满足其在东非扩张，及一劳永逸地解决与埃塞俄比亚政府间的任何问题而自由行动了。”

事实的确如此。当法国人正为自己通过《罗马协定》赢得了一个新的盟友而欢喜不已时，埃塞俄比亚却面临着灭顶之灾：1935年10月，得到法国默许的意大利在经过几个月的军事准备后，悍然发动了侵略埃塞俄比亚的战争。

《罗马协定》的缔结，实质上是法国对德政策的产物。作为抵消纳粹德国给欧洲带来的日益加剧的危险而采取的一系列外交手段之一，法国与意大利接近的最终目的在于加强自身安全、孤立纳粹德国。

这种通过牺牲第三国利益来维护本国安全的外交政策是典型的绥靖政策。法国这种损人利己的短视政策，不但未能使《罗马协定》成为遏制德国危险的王牌，反而使国际局势日趋复杂与动荡。

《罗马协定》的缔结给当时的国际关系带来了极为严重的后果。

从某种程度上说，称1935年秋意埃战争的爆发，源于8个月前签署的法意《罗马协定》，并不为过。

但是，更令人不安的是希特勒对欧洲现状的威胁。在此之前，法国联盟体系几乎是毫不费力地统治着欧洲大陆。

墨索里尼曾试图组织反对集团，但是，他与奥地利、匈牙利、保加利亚

和阿尔巴尼亚等国签订的协约几乎没有什么价值。同样，苏联被“封锁线”切断了同外界的联系，而且，它只埋头于“在一国中建设社会主义”。

只有德国待在一旁，这个国家在接受《洛迦诺条约》和加入国联时，已在斯特来斯曼的领导下与战时的敌国讲和。

1933年，当希特勒成为德国总理时，这种令人欣慰的形势被急剧地改变了。这位纳粹党领导人一段时间以来一直在为德国人要求更大的生存空间。《我的奋斗》中的以下几段话反映了他的基本思想和目标，在以后几年中，他一直不断地、没有重大改变地重提这些思想和目标。

……如今，不能靠强烈的抗议，而要靠一把巨大的剑，使被蹂躏的地区回到共同的德意志帝国的怀抱。

锻造这把剑是一个国家内部政治领导人的任务；维护锻剑工作和寻找战友则是外交领导人的职责。……

恢复1914年时的边界的要求在政治上是十分荒唐的，其荒唐的程度和所带来的严重后果使提出这一要求就像是在犯罪一样……德意志帝国1914年时的边界是根本不符合逻辑的。因为实际上，这些边界从包括日耳曼民族的人民的意义上说，是不完整的；从地理军事是否合宜的角度而言，也是不切实际的。……

因此，我们国社党人自觉地……关注我们600年前放弃的领土。我们不允许德国人继续不断地向南方和西方迁移，要把注意力转向东方领土。如果我们今天谈到欧洲领土，我们首先能想到的只是俄国及其边境上的仆从国……新德意志帝国必须各次使自己沿着过去条顿骑士团的道路前进，用德意志的剑为日耳曼人获得耕地，为这个民族获得每日食粮。

几乎一点也不奇怪，当这几段话的作者成为德国的主人时，外交上立即有了反响，首先是几年来一直处于休眠状态的小协约国开始恢复元气。

1933年2月，捷克斯洛伐克、南斯拉夫和罗马尼亚建立了由三个国家外交部长组成的常设委员会，来促进其外交政策的协调和执行。同样，这年春天，法国外交部长路易·巴都周游了小协约国各国首都及华沙，加强了法国与其东欧盟国的联系。

甚至连后来同希特勒结成“罗马—柏林轴心”的墨索里尼，一开始也强烈反对他的这位独裁伙伴。由于许多德意志少数民族在南蒂罗尔，墨索里尼对以“一个民族、一个帝国、一个元首”为口号的扩张主义的纳粹政权感到不安。因此，1933年7月15日，他主动与英、法、德缔结了《四国公约》。

公约重申，签约国必须坚持《国联盟约》《洛迦诺条约》和《凯洛格—白里安条约》，未经四国同意不得对《凡尔赛和约》做任何改动。

这一做法证明是无用的，因为希特勒一再违反这些诺言，甚至无视与他一同签约的国家。

1933年10月，他宣布德国退出裁军会议和国际联盟。虽然他没有立即透露其重整军备的计划，但这一计划的存在——如果不是就其进度和规模而言——已普遍地为人们所知道。

这些发展促使土耳其、希腊、罗马尼亚和南斯拉夫组成另一个地方性集团。1934年8月9日，四国签订了《巴尔干公约》，公约规定四国相互合作、共同维护东南欧的现状。

比巴尔干协约国的组成更值得注意的是，苏联的对外政策这时有了根本的改变。传统上，苏联领导人认为，国联是掠夺成性的各帝国主义强国保持一致的组织。但是，1933年12月，当美国记者沃尔特·杜兰蒂问苏联对国联是否始终持否定态度时，斯大林答道:

不，并非始终，并非在所有的情况下都持否定态度。你们可能不十分理解我们的观点。尽管德国和日本都退出了国联，可能正是因为这一点，国联也许仍然多少能起制止或阻止军事行动爆发的作用。如果是这样的话，那么，要我们不顾国联的严重缺点

而支持国联，并不是不可能的。

这段话反映了苏联政府对希特勒的出现极为担心。由于这种担心，苏联这时认为，国联是一种组织共同抵抗、以挡住纳粹先发制人的侵略的可能的工具。这一新态度得到了法国外交部长路易·巴都的鼓励。

巴都在国内问题上是保守派，在外交事务方面，他的简单的、始终如一的目标是建立一个强大到可以劝阻希特勒不从事扩张主义冒险活动的联盟。除了巩固法国、小协约国和波兰之间的关系外，巴都这时还力图使苏联加入维护现状集团。

基本上正是由于他的努力，国际联盟才邀请苏联加入，而苏联也于1934年9月19日接受了这一邀请。

第二个月，一个刺客在马赛枪杀了巴都和南斯拉夫国王亚历山大。这是欧洲外交史上的一个转折点，因为巴都的继承者们奉行一种比较错误的、自相矛盾的对德政策。

赖伐尔尤其如此，他的阴谋诡计曾使罗马尼亚外交部长尼古拉·蒂图列斯库破口大骂。颇为典型的例子是，1935年1月7日赖伐尔同墨索里尼达成的和解协定，在这个协定中双方同意，如果希特勒采取行动，他们就一起对付；他们还解决了有关其非洲领地的各种争端。

法国将一些与意大利殖民地利比亚和厄立特里亚接壤的荒凉地区割让给意大利，墨索里尼则放弃了对拥有许多意大利居民的突尼斯的约束。

两个月后，也就是1935年3月，德国正式背弃了《凡尔赛和约》中关于解除德国武装的条款，再次提出征兵，并宣布德国军队将增加至36个师。

英、法、意在4月11日的斯特雷萨会议上作出了反应，它们一致同意共同行动，反对德国的威胁。事实证明，这一“斯特雷萨阵线”与两年前的《四国公约》一样无用。

各签约国很快就开始自行其是：意大利忙着准备入侵埃塞俄比亚；英国于6月18日与德国签订了一份单独的海军协定，允许德国建立一支相当于英国海军力量35%的海军；法国于5月8日与苏联缔结了一份为期五年的同盟条约，双方同意，如果一方遇到无端的进攻，另一方将予以援助；捷克斯洛伐克于5月16日与苏联签订了类似的条约，不过苏联对捷克斯洛伐克的援助取决于按照1924年的同盟条约也必须提供援助的法国。

总之，在希特勒掌权的刺激下，两年内出现了好几个旨在阻止这位"元首"的任何侵略行径的新的外交集团——巴尔干协约国、复活的小协约国、法苏同盟和捷苏同盟。

但是，在这些外交集团中也存在着严重的分歧。例如，《英德海军协定》就引起了巴黎的不满，1934年1月签订的《德波互不侵犯条约》也没得到巴黎的赏识……

随着埃塞俄比亚危机的爆发，这些分歧成为彻底破坏国际联盟和战后整个外交结构的日益豁开的裂口。

任职维希政府
实施卖国政策

1936年，在人民阵线获胜前不久，赖伐尔内阁倒台。

此后四年，赖伐尔都没有在政府任职。

1940年5月至6月，法国溃败。雷诺政府起先迁到都兰，以后又一个城堡一个城堡地转移，最后停留在波尔多，再也无法前进了。政府必须进行讨论并作出决定，是继续战斗还是停战求和。

在贝当元帅成为主和派的领袖时，既不是政府成员而在此之前又从未参加过雷诺政府工作的赖伐尔，却坐镇波尔多市，对议员们施加影响，在议会里给那批追随贝当元帅的部长们以支持。

在贝当组阁时，赖伐尔便进入贝当政府任国务部长。赖伐尔劝说政府留在法国本土，接受停战。

6月21日，赖伐尔在波尔多粗暴野蛮地阻止了勒布伦总统的出走。

22日，法德停战协定正式签字。从此，赖伐尔在维希政府中开始坚定地推行亲德卖国政策。

赖伐尔亲德亲法西斯的政治倾向由来已久。

第二次世界大战以前，法国存在着一股主张对法西斯的崛起采取不抵抗政策和不惜任何代价寻求同德国协调一致的倾向，赖伐尔就是这个新倾向的化身。事实上，从一开始，赖伐尔就是法德“忠实合作”的鼓吹者。

作为维希政府的一名要员，赖伐尔劝说国民议会自行解散，从而使第三共和国于1940年7月10日寿终正寝。同时，由于他的坚决支持，古怪而反动的制宪法令得以通过，确立了维希政权的某种“合法”地位。

1940年10月，赖伐尔和希特勒私下会晤，使希特勒相信一个愿意“合作”的法国对德国大有好处。

几天以后，他又安排贝当与希特勒会晤，以便使他亲德卖国的新政策得到认可。赖伐尔擅权专断，不顾廉耻，引起内阁中其他部长们的猜疑，也为仍想保持某种中立和自治的贝当所不容，因而在1940年12月被贝当解职。

不久，德国占领当局的阿贝兹亲临维希，指令释放赖伐尔并把他带到巴黎。赖伐尔加入了德国在法国组建的法西斯组织“巴黎中心”。

1941年8月27日，赖伐尔参加“法国志愿军团”典礼时遇刺受伤，遂进一步得到纳粹德国的信任和垂青。

1942年4月，由于德国人出面干涉，贝当被迫重新召回赖伐尔任政府总理，因为他比达尔朗之流更能让德国法西斯称心如意。一项新的制宪法令把内外政策的实际领导权全部给了赖伐尔，贝当终于成为“傀儡元首”，这本是赖伐尔早在1940年6月就已经想做的事。

德军驱赶犹太人

赖伐尔改组政府，那些由贝当元帅早先任命的部长们不是被迫自动辞职，就是被撤职。

赖伐尔任命了两个坚定地同德国“合作”的人——博纳尔和比歇隆。他们一个“控制”法国青年，另一个则用最能使德国人满意的方式来管理法国经济。而赖伐尔自己则大权独揽，兼任外交部长、内政部长和情报部长。

6月22日，赖伐尔发表臭名昭著的声明：

> 我衷心祝愿德军胜利，因为如果没有这个胜利，明天布尔什维克主义就会到处泛滥。

贝当元帅的“合作主义”已经很难被接受了，赖伐尔关于德军胜利的祝词更不会为正义的法国人民所饶恕。而赖伐尔却一意孤行，开始收获他那罪恶的果实了。

首先，赖伐尔进一步纵容了纳粹德国对法国人民的凌辱，许多法国人被肆意屠杀，成千上万的犹太人不分男女老幼，统统塞进毫无卫生设备的车厢里，送交德国人。

仅1942年4月20日至5月24日，德国人枪毙的法国人质达210名。1942年7月之后的两个月中，维希当局把10410名犹太人送到纳粹手中。

其次，赖伐尔充分利用维希的情报和宣传部门，引诱法国人志愿到德国去，替德国人补充因战争造成的劳动力不足。赖伐尔还想出一个主意，即由青年工人去“更替”上了年纪的犯人。

维希政府于1943年颁布“强制劳动制”法令，规定凡20岁至22岁的青年均应去德国服劳役，并设立了强制劳动局。

同时，赖伐尔把“法国志愿军团”改为“三色旗军团”，使它有了正式地位。至1944年7月，共有65万法国劳动力被遣送到德国。

另外，赖伐尔还动用法国的经济力量支持德国法西斯的侵略战争。法国生产的工业产品中12％的飞机、10％的蒸汽机车、20％的卡车等都交给德国

使用。他还破坏和镇压法兰西民族抵抗运动。赖伐尔命令警察跟踪法国南部的抵抗运动者，特别是跟踪那些以为不会遭到德国人袭击的向英国秘密发出电报的人。

1944年6月，盟军在诺曼底登陆。

1944年8月，法西斯德国的失败已成定局，赖伐尔仍企图以各种方式改变维希政府的性质，打算召开早已解散的议会，成立一个能为英美所接受的临时过渡政府，使戴高乐在他的政府还未得到法律上的承认之前，就面临着在首都已有一个掌握实权的政府这一既成事实。但是这一企图未能实现。

1944年8月下旬，德国占领当局命令贝当、赖伐尔等人动身前往贝尔福。

1945年5月，赖伐尔逃往西班牙，在那里准备为自己辩护。西班牙政府把赖伐尔交给了盟军。

1945年8月，赖伐尔被引渡给法国政府。

同年10月9日，巴黎高等法院以叛国罪判处赖伐尔死刑。赖伐尔在法庭上极力狡辩，为自己开脱，但仍然无济于事。赖伐尔于10月15日被处决于弗雷内监狱的围墙边，结束了他可耻的一生。

奴才媚相

第二次世界大战主要傀儡

佛朗哥

佛朗哥，西班牙政治家、军事家，法西斯主义独裁者。1940年上半年，由于德国横扫西欧，热衷投机的佛朗哥希望趁机收回被英国人控制两个多世纪的直布罗陀。6月，佛朗哥突然出兵占领丹吉尔。1941年6月，希特勒进攻苏联，佛朗哥派出军队参加对苏战争；1943年，佛朗哥见轴心国取胜渺茫，又宣布西班牙保持中立。此后，他一直在西班牙实行独裁政治。

发动武装叛乱 推翻民主政府

1892年，佛朗哥出生于西班牙一个海军军官家庭。1907年入托莱多步兵学院学习，1910年毕业后在第八步兵团供职。1912年参加镇压西属摩洛哥起义。1921年任西班牙外籍军团司令。1926年晋升准将，成为欧洲最年轻的将军，到法国军事学院学习。1928年任新成立的萨拉戈萨高等军事学院院长。

1931年4月，西班牙爆发资产阶级民主革命，推翻了君主政体，建立了共和国。新西班牙共和国的领导人采取了坚决的反军国主义政策，军事学院被解散，佛朗哥被列入退役名单。这时，随着德意法西斯的崛起，西班牙的反动势力十分猖獗。

1933年，西班牙建立了法西斯组织“长枪党”，保守势力重掌共和国时，佛朗哥恢复现役。

1934年，佛朗哥升任少将。10月，阿斯图里亚斯矿工为反对三名右翼分子进入国会而发动起义，佛朗哥受命前往镇压，获得成功。

1935年5月，任右翼政府的陆军参谋长，开始整饬纪律，加强军事制度。无力控制国家的中右政府被解散后，新一轮大选定于1936年2月举行。

这时西班牙分裂为两派，右翼民族主义集团和左翼人民阵线。在欧洲反法西斯人民阵线运动潮流的影响下，1936年1月，西班牙成立了一个以共产党、社会党、共和党等政党参加的反法西斯人民阵线。

人民阵线的纲领要求释放政治犯，实行军队民主化，没收地主土地给农民，恢复民主自由，减少捐税，提高工资。

1936年2月16日，人民阵线在议会选举中击败了资产阶级右派政党，获

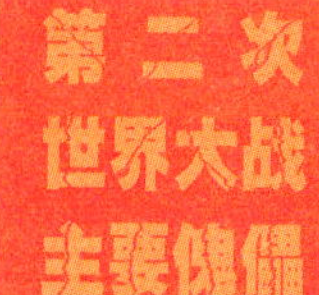

得了决定性胜利，成立了曼努埃尔·阿萨尼亚新内阁。新内阁按照人民阵线的纲领进行了民主改革。

左翼虽赢得选举，但新政府却无力阻止西班牙社会和经济的加速分崩离析。尽管佛朗哥从未属于任何党派，但他迫于不断加剧的无政府状态，要求政府宣布进入紧急状态。但他的要求被新政府拒绝，他被调离总参谋部，派往偏僻的加那利群岛司令部。

没有赢得选举的法西斯分子不甘失败，处心积虑地要颠覆年轻的共和政府，他们还企图效法德国和意大利，在西班牙建立法西斯独裁政权。

1936年7月18日，驻守西属摩洛哥梅利利亚的驻军首脑佛朗哥，在法西斯“长枪党”和陆、空军大部分人的支持下，发动了武装叛乱，企图夺取政权。

佛朗哥

叛乱一开始，执政的共和派阿萨尼亚政府就惊慌失措，立即宣布辞职。

西班牙人民在共产党和人民阵线其他政党领导下，为保卫共和国，捍卫民主、自由，与叛乱分子展开了战斗，用“血肉的城墙”抵抗法西斯。在和叛乱分子的斗争中，阿塞·迪亚斯和多洛雷斯·伊巴露丽领导的共产党勇敢地站在斗争的最前

佛朗哥组织的叛军

列，不愧为西班牙人民的骄傲。

7月底，叛乱分子的处境岌岌可危。苏联和世界进步人民以及革命组织纷纷起来支援西班牙。

在西班牙人民和政府有力量平息叛乱、巩固共和国政权的情况下，德意法西斯乘机插手干预西班牙战争。

西班牙人民不仅要对付国内叛乱分子，同时还要反击德意法西斯的武装干涉，年轻的西班牙共和国面临着国际、国内战争的严峻考验。西班牙成了世界进步势力与法西斯势力直接和间接交战的场所。

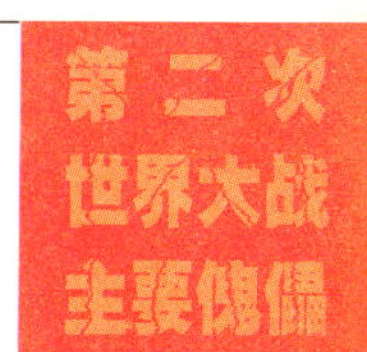

依靠法西斯援手 取得最终胜利

西班牙地处西南欧的伊比利亚半岛，北依比利牛斯山，背靠法国，南隔直布罗陀海峡与非洲相望，扼大西洋、地中海航路的咽喉。德意法西斯如果控制了这一战略要地，就可以进攻英法在欧洲的南翼，形成对英法的战略包围。

西班牙也是一个重要的战略原料产地，英法美在这里有大量的投资，占有西班牙就可以夺取西方国家的经济权益和战略资源。同时，西班牙人民阵线的胜利，使德意法西斯害怕西班牙人民革命的潮流会唤起和推动西欧各国反对法西斯、争取和平与民主的正义斗争。

德意法西斯借口反对共产主义的威胁，乘机干涉西班牙内战，以便控制西班牙，在西南欧扩展势力，达到最后征服欧洲的目的。

早在1933年，希特勒就通过谍报局和盖世太保将大量武器供应西班牙法西斯分子。

1934年3月，墨索里尼和西班牙保皇派签订了秘密协定，表示愿意承担颠覆共和国的义务。德国法西斯通过情报人员不断地在西班牙招募“第五纵队”和恐怖分子，建立秘密武器库，为法西斯暴动作准备。

1936年7月，德意法西斯情报人员和西班牙法西斯头目共同制订了叛乱的军事计划。当西班牙叛乱分子处于困境时，“尽一切可能使佛朗哥迅速获胜”。

7月底，德意法西斯用军舰和飞机帮助佛朗哥把军队从西属摩洛哥运到西班牙海岸。德意法西斯还向佛朗哥叛军提供大量武器、飞机和坦克。

在战争头两年中，德国给佛朗哥提供了650架飞机、200辆坦克、700门火炮；意大利提供了1000架飞机、950辆坦克和装甲运输车、约2000门火炮。

同时，德意法西斯还公开地直接进行武装干涉，有15万意大利军队和5万德国军队都先后进入西班牙，同佛朗哥的叛军协同作战，还用军舰封锁西班牙海岸，切断了西班牙同外界的联系。德国法西斯甚至直接占领了西班牙的北部和西属摩洛哥，意大利占领了西班牙的南部和巴利阿里群岛。

德意武装干涉，使西班牙叛军在军事上逐步占有绝对优势。9月4日，社会党人拉尔戈·卡巴列罗在马德里成立了人民阵线政府，新政府领导西班牙人民同优势的叛军和德意干涉军进行了艰苦卓绝的战斗。

英法统治集团既害怕民主力量在西班牙取得胜利，又害怕西班牙战火烧到自己身上，对西班牙内战采取了所谓的“不干涉政策”。

在英国策划下，1936年7月14日，法国政府率先宣布对西班牙战争保持“中立”。8月，英法两国政府互换照会，采取共同行动，禁止向西班牙输出武器和军用物资。随后，共有27个欧洲国家接受法国政府提出的“不干涉协定”，并成立了监督执行协定的“不干涉委员会”。

这时，美国也又把“中立政策”原封不动地施用于受德意法西斯武装干涉的西班牙。英法美推行的“不干涉政策”和“中立政策”使西班牙共和国政府得不到应有的国际援助。而西班牙叛乱分子反而能从德意手里源源不断地得到飞机和大炮，具有讽刺意味的是，其中就有德意从英法美等国购买的武器。

斯大林领导下的社会主义苏联，坚定地站在西班牙人民一边，谴责德意法西斯的侵略行径，深刻地揭露了英法美等国“不干涉政策”和“中立政策”的实质，全力支援西班牙共和国政府和人民的正义斗争，给西班牙人民提供了包括坦克和飞机在内的大量援助。

共产国际也号召各国工人阶级联合起来，支援西班牙人民反法西斯斗争。在西班牙战争处于极端困难的时候，全世界有54个国家的共产党和进步人士，响应共产国际的号召，组成了著名的“国际纵队”，同西班牙人民并

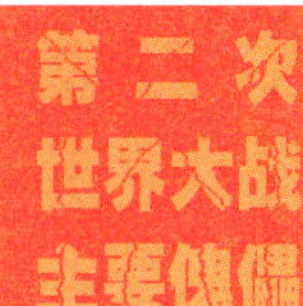

肩奋战。

“国际纵队”一共有3万多人。旅居欧美的100多名中国华侨组成了“中国支队”，在西班牙共产党领导下参加了战斗。

西班牙首都马德里是人民阵线政府所在地，佛朗哥叛乱分子从一开始就企图占领马德里。

1936年10月，在马德里的“第五纵队”配合下，叛军和干涉军用精锐的4个纵队兵力向马德里发动进攻，马德里人民展开了西班牙内战爆发以来规模最大的一场战斗——马德里保卫战。

10月底和11月初，佛朗哥叛军和德意干涉军对西班牙首都发起猛烈进攻。马德里人民、共和国军队以及国际纵队在面临法西斯重重包围和进攻的

德意飞机和军舰

严重情况下，不畏强暴，团结奋战，接连打败了敌人的三次进攻。

这时，德意法西斯给叛军增调了大批武器和雇佣军，又发动了第四次进攻，结果又被马德里守军击退。马德里已成为西班牙共和国坚不可摧的堡垒。

3万多名国际纵队战士在马德里保卫战中表现出了英勇的牺牲精神，1万多名国际主义战士为西班牙人民的革命事业献出了宝贵的生命。马德里保卫战是一曲国际主义精神的凯歌。

西班牙人民在敌我力量悬殊的情况下，坚持战斗了32个月。

1939年2月27日，英法政府无条件承认佛朗哥政府，并对共和国政府施加压力，逼其向佛朗哥投降。

3月，无政府主义分子和陆军上校卡萨多叛变，共和国军队陷于瓦解。3月28日，马德里终于失守。

4月，西班牙共和国在国内外敌人的围攻下，进行了最后的顽强抵抗，终于失败。西班牙人民的英雄业绩，为世界各国人民反对法西斯武装侵略的斗争，树立了光辉的榜样。

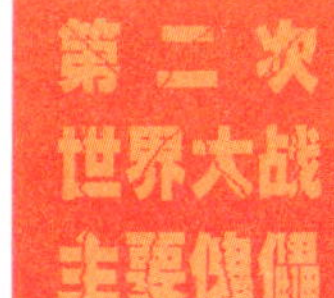

退而保持“中立”
静观时局变化

内战后，佛朗哥掌权，除了肃清叛乱分子外，更采取一系列巩固政权的高压措施，数万名共和退役军人被枪决或是被处20年至30年的徒刑，左派工会组织及所有政治组织均被禁止设立或活动，并实施统一舆论口径，共和时代的各项改革全部取消，实施其法西斯政权的独裁统治。

同样作为法西斯独裁者，相对于疯狂和有着狼子野心的德国纳粹头子希特勒，西班牙的独裁者佛朗哥可以用贪婪、自私而不失理智来形容。

1820年4月，威灵顿公爵说：

在欧洲，使干预他国事务的外国人最占不到便宜的国家，莫过于西班牙。没有一个国家像西班牙那样讨厌甚至鄙视外国人，在风俗习惯方面，他们同欧洲其他国家也如此不同，格格不入。

应该说，佛朗哥完全继承这种典型的西班牙风格，并且更有理智和头脑。

在第二次世界大战中与佛朗哥屡次打交道的英国首相丘吉尔的判断，可以加深我们对佛朗哥的印象。

丘吉尔在其《第二次世界大战回忆录》中写道：

在整个战争期间，佛朗哥将军的政策完全是自私而且冷酷

的。他只想到西班牙和西班牙人的利益。他从来没有考虑过如何报答希特勒和墨索里尼对他的援助；另一方面，他也并不因为我们左翼政党对他的敌视态度而对英国有所怀恨。

由此可以看出，相对于希特勒的神经质和丧心病狂，佛朗哥这种奸猾的性格和由其决定的西班牙的政策基准。

虽然在当时的英国首相丘吉尔眼里，都显得是“简单的”“自私冷酷的”，甚至丘吉尔都为佛朗哥的这种自私做法替德意法西斯鸣抱不平。

但佛朗哥这种看似简单自私的政策在当时却是十分实用和审时度势的，也正是佛朗哥的这种审时度势，使西班牙免于陷入第二次世界大战这个死亡的泥潭，并避免了像他的法西斯同盟一样的失败命运。

当然，在内战中屠杀过成千上万爱国者的佛朗哥绝不会站在同情广大民众的立场上来作出这种决策，他之所以这么做是从内战后西班牙的国情和刚建立的统治基础来考虑的。

佛朗哥（右二）决定派西班牙长枪党参加对苏战争

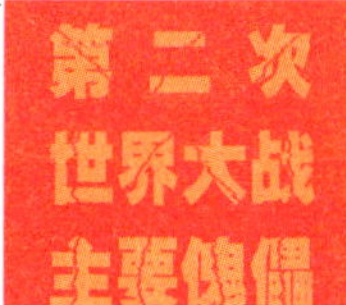

首先，在经历了充满屠杀和破坏的全国性的三年内战后，西班牙可以说是满目疮痍，元气大伤。在三年内战中，大约有100万西班牙人丧生，损失的财产更是不可计数。因此，对于刚刚经历过战乱还处于恢复期的西班牙来说，脆弱的经济基础不允许它参加第二次世界大战那样全面的、高强度的战争。

其次，佛朗哥政权的统治在当时还未巩固，虽然他残酷地镇压了共产党和民主派，但卷入一场全面战争，必将使其内部各种矛盾激化，从而将瓦解其统治的基础。

最后，选择"中立"这种两面都不得罪的政策，可使西班牙静观时局发展，从容应对国内外的变化，从而使自己的外交更具弹性空间。

当然，法西斯避免不了其侵略的本性，理智的佛朗哥也遏止不了其贪婪的欲望，西班牙在第二次世界大战初期也曾濒临参战的边缘。

1940年夏，德国对低地国家，即荷兰、比利时、卢森堡和法国的侵略使西班牙处于一个崭新的地位。德军似乎极有可能越过比利牛斯山，横跨西班牙以攻击直布罗陀和北非。假使他们这样做的话，以佛朗哥为首的西班牙政府会予以抵抗还是会与之合作呢？或者佛朗哥是否在等待机会亲自发动一场战争呢？

面对入侵的威胁和当时法西斯轴心国发展形势下参战的巨大利益，一方面，西班牙政府在四五月间已通知了英法意政府，西班牙对于任何入侵的企图都将加以抵抗，而且在5月的第一个星期里，无论在公开场合或私下，依然重申西班牙严守中立的政策。

同时，德意法西斯的节节胜利大大刺激了西班牙的扩张野心，长枪党党徒开始上街举行游行示威，提出对直布罗陀、摩洛哥、丹吉尔和阿尔及利亚的领土要求。

6月10日，意大利对英法宣战成为当时对西班牙参战的最有力召唤，两天后，佛朗哥宣布西班牙已从"中立"转变为"非交战状态"。

6月14日，巴黎沦陷的当天，西班牙军队占领了一直为法国殖民地的丹吉

尔港。种种迹象表明，西班牙离参战只有一步之遥。

西班牙同当时德意法西斯国家的关系，尤其是同希特勒的纳粹德国之间的关系，也是影响其当时政策的重要因素。

“我宁可被拔掉三四颗牙齿，也不愿再搞这样的谈判。”这是1940年10月23日希特勒为争取西班牙同佛朗哥在法国和西班牙边境进行谈判后，对墨索里尼说过的一句话。

这句话不但反映了当时谈判的背景，也可以看做第二次世界大战时西班牙同轴心国之间关系的一个缩影。

德意法西斯当时之所以干涉西班牙内战，扶植佛朗哥的法西斯政权，很大原因就是想让西班牙在日后的战争中成为自己的盟友，站到自己一边。

1939年8月，还未取得内战全国胜利的佛朗哥政权便宣布，如果战争爆发，他们将恪守中立。

这一声明，虽然使柏林感到不快，但只是将其看成是佛朗哥在内战持续期间的权宜之计，并且预计到法西斯的西班牙虽然名义上是中立的，但仍将给轴心国作出有用的贡献。

1940年年初，德国在欧洲的战事节节胜利时，西班牙和德国的距离达到了历史的最小值，西班牙与德意法西斯的结盟只有一步之遥。但两国最终还是未能结盟，这不能不说是在当时复杂环境下对各自国家利益问题进行博弈的结果。

1997年，英国爱丁堡大学历史教授戴维·斯塔福德经过对丘吉尔在第二次世界大战时期信件的研究，发布了他的研究成果。

从研究成果可以看出，正是丘吉尔对当时西班牙法西斯政权高级官员和军官的“金钱外交”，阻止了西班牙倒向轴心国，从而“改变了第二次世界大战的发展方向”。

1940年5月，丘吉尔就任英国首相。

当时的国际形势非常严峻：法西斯德国在欧洲大陆节节胜利，而居于重要战略位置的西班牙，随时都可能投降纳粹。对于英国来说，如果德国控制

丘吉尔

了位于伊比利亚半岛的西班牙，那将是一场灾难——地中海的战略运输线将被封锁。

丘吉尔不愧为“第二次世界大战名相”，他在分析了佛朗哥政府的内部势力之后，决定通过收买一些对佛朗哥有影响力的西班牙高级指挥官，以影响当时佛朗哥和西班牙的对外政策。

为了实现这个计划，作为当时英国首相的丘吉尔曾专门从预算中拨出一笔资金用于这项绝密行动：由英国国库在一家瑞士银行的纽约分行存入1000万美元。

戴维·斯塔福德教授说：“这笔钱很可观，但是鉴于涉及的事情重大，用于收买西班牙军人就显得不是很多了。”

他在研究丘吉尔当年的信件时发现了这个收买事件。戴维·斯塔福德说：“西班牙同德国联合在一起可能会改变第二次世界大战的发展方向。”

也许，正是丘吉尔这种不拘世俗和釜底抽薪的做法，避免了当时法西斯的西班牙投向轴心国，从而影响了世界历史发展的走向！

1939年内战结束后，佛朗哥成为终身元首，进而取缔其他一切政党，建立法西斯独裁专政。

1940年上半年，由于德国横扫西欧连连获胜，热衷投机的佛朗哥保持中立的立场开始倾斜，他希望趁机收回被英国人控制两个多世纪的直布罗陀。

同年6月，佛朗哥突然出兵占领丹吉尔。当时丹吉尔是德、意、英、法四国共管的地区。佛朗哥在采取这一军事行动以前，只通知了德、意，而没有通知英、法。

随后，佛朗哥又提出收回直布罗陀的口号。

1941年6月，德国法西斯党首阿道夫·希特勒下令进攻苏联，佛朗哥被希特勒的胜利冲昏了头脑，表示完全支持希特勒的行动，并请求德国允许西班牙长枪党志愿军参加对苏战争，以报答1936年至1939年间德国给西班牙的“兄弟般”的援助。

但是，精明的佛朗哥仍留有后退的余地。对外，他只是宣布西班牙由

“中立国”转变为“非交战国”；对德国，他强调“西班牙派志愿军并不等于站在德国一方参战”。

实际上，佛朗哥是组织了一个由长枪党党员组成的“蓝色师团”，这个师团的士兵全部穿上德国军队的服装，开赴苏联作战。

1943年以后，佛朗哥见轴心国取胜的希望渺茫，德军节节败退，马上又调整西班牙的外交政策，宣布西班牙由“非交战国”恢复“中立”，并下令召回在苏联作战的“蓝色师团”。

第二次世界大战结束后，佛朗哥在国内继续推行恐怖统治，对长枪党以外的党派，尤其是共产党、社会党党员，大肆搜捕、关押，甚至处死，而且还使用阉割刑和绞刑。佛朗哥的这种恐怖暴虐统治，引起世界范围的强烈不满。

1946年12月，联合国通过决议，建议所有联合国成员国从西班牙召回大使，决定只要西班牙保持现行制度，今后就不接纳西班牙为联合国会员国。

面对这种国际孤立的局面，佛朗哥宣布实行闭关自守的、孤立的经济政策，在国内开展仇视犹太人和一切外国人运动，禁止在公共场合悬挂写有外国字的招牌，鼓励使用本国产品。

1947年，佛朗哥宣布西班牙为君主国，他自己则为终身摄政王。

1969年7月，佛朗哥指定前国王阿方索十三世之孙胡安·卡洛斯在他死后继承王位。

1975年11月20日，佛朗哥病死于马德里。

217

奴才媚相

第二次世界大战主要傀儡

吉斯林

吉斯林，挪威政治家。1931年，在挪威农民党组阁时，吉斯林出任国防部长，后来退出内阁并且于1933年成立国家社会主义和反犹太人的政党国民联盟，并出任党首。1940年德国进攻丹麦与挪威时，吉斯林充当德军的开路先锋。挪威被德军攻占之后，出任挪威新政权的总理。吉斯林于1945年5月9日被捕，并以叛国罪被执行枪决。

模仿希特勒 建立独裁统治

吉斯林于1887年7月18日出生在挪威弗雷斯达尔一个农民家庭。

1905年9月，吉斯林考入挪威军事学院。在此期间，吉斯林发现自己在学习竞争中未能处于引入注目的地位，遂奋起直追。

3年之后，吉斯林以第一名的成绩从军事学院毕业，前往野战炮兵部队任中尉。1909年，吉斯林考入挪威高级军事学院深造；1911年，以最佳成绩毕业，因而单独受到国王的召见，后到总参谋部任职。

1917年10月，吉斯林调任野战炮兵总监的参谋，同年改任炮兵指挥军官，晋升为上尉，野心勃勃的吉斯林对此并不满足。他的沉默寡言在同事中是有名的，往往坐一个小时却不说一句话。此外，他没放弃对学习的爱好，仍抓紧学习历史、数学和哲学，注意研究俄国问题。吉斯林因其百科全书式的知识而被同事称为“教授”。

1918年5月，吉斯林出任挪威驻俄国公使馆武官。在此期间，结识了后来对其政治生涯影响很大的商务参赞弗雷德里克·普里兹。同年12月，吉斯林返回总参谋部。

1919年夏，吉斯林前往赫尔辛基的芬兰公使馆，先任秘书，后改任武官。1921年6月奉召回国。

吉斯林的知识和经历引起了弗里特约夫·南森的注意。南森是著名的北极探险家、动物学家、外交家和挪威人道主义领袖人物，当时正在国际红十字会的主持下领导国际俄国救济委员会的工作。

南森在苏俄莫斯科和哈尔科夫设有两个办事处，决定起用吉斯林从事救

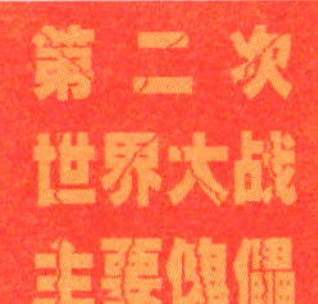

济工作。

1922年1月，吉斯林获得国防部的批准，前往苏俄的乌克兰就任哈尔科夫办事处主任。大约在1923年9月，吉斯林被挪威总参谋部解除职务，办事处主任职务也被撤销。

应当时出国际联盟难民事务高级专员的南森的邀请，从1923年年底至1925年，吉斯林先后在巴尔干半岛和苏联处理难民事务，南森对吉斯林的工作给予高度评价。

1927年6月起，吉斯林奉命以挪威驻苏联公使馆秘书的身份为英国代管其在苏联的利益，直至1929年12月，吉斯林因此获得英国政府授予的帝国勋章。

吉斯林

因大萧条的影响，吉斯林未能找到理想的工作，遂决定投身政治。1930年南森逝世后，吉斯林连忙发表文章，宣称自己是南森的政治继承人，以扩大自己的社会影响。1931年5月，吉斯林被组阁的挪威农民党任命为国防大臣。吉斯林任内对防务毫无建树，却卖力地反对工党和工会。

1933年3月，任期届满。此时，挪威的经济危机加剧，阶级矛盾日益突出。吉斯林开始转向法西斯主义，决心模仿希特勒在德国的所作所为，在挪威建立独裁统治。

1933年5月，吉斯林抄袭德国纳粹党的理论和策略，在普里兹等人的支持下，创建挪威国家统一党，自任党的元首，并组织冲锋队。但是，纳粹主义在挪威土地上影响不大。

在1933年和1936年的两次议会选举中，吉斯林的国家统一党所得票数都不足选民总数的20%，根本未能得到议席。此后，吉斯林决心投靠纳粹德国，借用希特勒的武力夺取挪威政权。

吉斯林于1939年夏开始与德国纳粹党对外关系部部长、纳粹理论家阿尔弗雷德·罗森堡建立联系。

但是，此时大战尚未爆发，纳粹德国还未充分意识到挪威的战略地位，因此对吉斯林的暗送秋波并未给予足够的重视和回报。

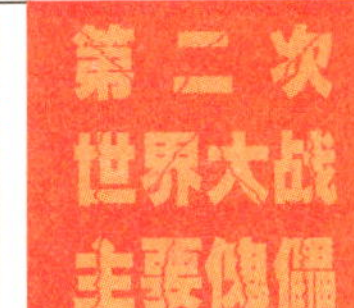

投靠法西斯
变成傀儡政权

挪威地处北欧斯堪的纳维亚半岛的西北部，东邻瑞典，东北与芬兰和俄国接壤，西濒挪威海，海岸线长21000千米，多天然良港，战略地位十分重要。由于德国没有直接进入大西洋的出口，只有经北海绕过英国本土才能进入大西洋。但强大的英国海军一直是德国海军的一块心病。

第一次世界大战期间，英国曾利用海军优势，从设得兰群岛到挪威海岸，横跨狭窄的北海，布置了一道严密的封锁网，使德国舰队困在本土港内无所作为。

第二次世界大战爆发后，德国海军鉴于历史经验和地理事实，认为要对付占优势的英国海军，德国必须设法在挪威获得基地，这样才能突破英国在北海的封锁线，畅通无阻地进入大西洋。

德国海军中将韦格纳形象地比喻道：

北海的德国舰队原是没有马的骑士，现在应当让他骑在地理的马鞍子上。

1939年10月10日，德国海军总司令雷德尔海军上将晋见希特勒，表示担心挪威可能向英国开放港口，这将给德国带来战略上的不利后果。

他力劝希特勒先占领挪威，以作为对英作战的海军基地，同时也可以确保瑞典的铁矿砂来源。德国每年消耗的1500万吨铁矿砂中，有1100万吨要从瑞典进口。在冬季，这些铁矿砂要经铁路运到挪威港口纳尔维克，然后再航

运到德国，整个航线恰好在挪威领海以内。但在希特勒的战略中，首要目标是征服西欧，所以他还是宁愿保留挪威的中立地位，而不愿采取任何节外生枝的军事行动。

1939年11月，苏芬战争爆发。北欧的战略地位受到交战各国的高度重视。德国海军总司令雷德尔获悉盟军要在挪威登陆的情报，感到北欧形势危急，遂将情报报告希特勒，并提出“必须占领挪威”的建议。

这样，挪威就在德国的全部战略中提高到重要地位，这也就为吉斯林寻求德国的支持提供了相当重要的条件。同年12月，吉斯林来到柏林，很快就与罗森堡和雷德尔会晤。

吉斯林对罗森堡和雷德尔声言，挪威政府内存在亲英反德的势力，挪威

吉斯林（左二）检阅部队

政府与英国已达成一项秘密协议，准备允许英国使用挪威的海岸作为军事基地，这会给德国造成很大的危险。吉斯林建议由他的国家统一党发动一场政变，推翻现政府而成立以他为首的新政府。

吉斯林还说，他在挪威已经得到相当一批军官的支持，其中包括纳尔维克港的驻军司令孙德洛上校。

吉斯林断言，只要有德国的支持，政变就一定能成功。吉斯林提出，挪威可以“把必要的基地交由德国武装部队自由处理”，并希望“能召集会议讨论有关联合行动和把部队运到奥斯陆去等问题”。

吉斯林的计划和对德国的殷勤“深深地打动了”雷德尔。雷德尔把吉斯林推荐给希特勒。

希特勒听了雷德尔的介绍，对吉斯林也产生浓厚的兴趣。

希特勒表示，他宁愿看到挪威完全保持中立，斯堪的那维亚其他地区也是如此，因为他不愿扩大战场。但如果敌人准备扩大战争，他就要采取自卫行动，以对付这一威胁。他答应给吉斯林一笔资金，并保证研究给予军事援助的问题。

然而，英法方面却不断发出对挪威中立地位的威胁。

早在1939年9月19日，英国内阁通过了海军大臣丘吉尔提出的方案：在挪威领海内布雷，从而切断德国进口瑞典铁矿砂的海上运输线。

1940年1月6日，英国政府照会挪威政府，宣称英国舰队将不允许德国商船利用挪威水域。这增加了希特勒对其北翼安全和战略资源的担心。

1月27日，希特勒指示德军统帅部，为必要时占领挪威拟订一份全面的作战计划。为此，德军最高统帅部专门成立了一个由陆、海、空三军各派出一名代表组成的战役准备工作参谋部，拟定了代号为“威塞演习”的挪威战役计划。

2月5日，英法在巴黎举行最高军事会议，决定以两个英国师和一个法国分遣队组成一支远征军，在挪威的纳尔维克登陆，进而占领瑞典北部的耶利瓦勒铁矿。

紧接着在2月16日发生的一起事件，最后坚定了希特勒占领挪威的决心。当天，一艘载有英国战俘的德国军舰“阿尔特马克号”受到英国军舰的追逐，逃到挪威水域避难，丘吉尔命令英舰闯入挪威水域，登上“阿尔特马克号”，救出了战俘。

而当时有两艘挪威炮艇在场，没有对英舰的入侵行为作出任何反应，只是事后挪威政府向英国提出了抗议。但希特勒认为挪威政府已甘当英国帮凶，这个抗议无非是故作姿态。

随后吉斯林向希特勒报告说，英舰的行动是英、挪事先拟定好的计划，使希特勒更加深信不疑。于是希特勒决心先下手为强，将挪威迅速占领。

他对德军将领们说：“据报告说，英国准备在挪威登陆，我要赶在他们前面到达。英国占领挪威会成为一个战略上的转折点，他们会乘机进入波罗的海，而我们在那里既无军队，又无沿海防御工事……敌人会向柏林进军，打断我们两条战线上的脊梁。”

3月1日，希特勒发出实施“威塞演习”的正式绝密指令，要求德国三军部队做好占领挪威的全面准备；同时占领丹麦，作为必要的跳板和运输线的保障。

他在指令中强调指出：

保证我们在瑞典的铁矿沙基地，并为我们的海军和空军提供进攻英国更为广阔的出发线……以大胆行动和出奇制胜来弥补。

德军“威塞演习”计划，是以海、陆、空三军联合作战的立体战术，实施突然袭击，从南到北在挪威的奥斯陆、克里斯丁、斯塔万格、卑尔根、特隆赫姆、纳尔维克六个主要港口登陆。

第一阶段夺取港口和机场；第二阶段向内陆进攻，全部占领挪威，并准备在第二阶段对可能登陆的英法联军进行抗登陆和反击作战。

为迅速实现战役目的，德军统帅部调集了海军的全部力量，空军的6个航

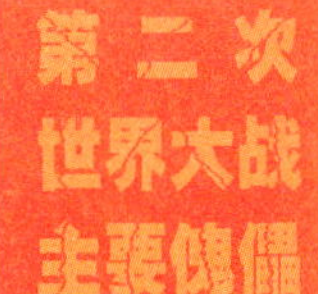

空兵师和2个空降兵师、陆军第二十一集团军的5个步兵师，由曾在北欧作战过的第二十一集团军司令福肯霍斯特上将任战役总指挥。

鉴于英法海军力量几乎是德国海军的9倍，德军统帅部特别强调战役发起的突然性，指出："尽管敌人握有制海权，但如能充分发挥突然性，我军是可以进入挪威的，认清这次战役的重要性，将来水面兵力虽损失大半也不应吝惜。"

为了做到突然袭击，德军统帅部要求：

隐蔽展开兵力，采取伪装措施，散布假情报造成准备在英国登陆的假象。除战役总指挥福肯霍斯特上将外，各级指挥员尽可能晚一些了解自己的任务，以防泄密。

然而，英法仍在从容不迫地谈论他们的计划，就好像德国根本不会相信他们的威胁和暗示，或者德国还被蒙在鼓里根本不知道他们的意图一样。

1940年3月28日，英法在伦敦召开最高军事会议，决定于4月5日在挪威海域实施布雷行动，并以部队在纳尔维克、特隆赫姆、卑尔根、斯塔万格登陆，同时在莱茵河空投水雷，以阻止德军向西推进。

但由于法国担心德国报复，反对在莱茵河布雷。两国在一番争论后，将计划推迟了3天，定在4月8日实施。

4月初，德军准备工作基本就绪。登陆部队和各种舰只集结在威塞河口，空军也开始向德国北部各机场集中，并向英国的斯帕卡湾基地派出潜艇，1艘袖珍战列舰率领1只小型舰队前出到了大西洋，摆出一副要进攻英国的架势。

4月2日下午，希特勒在同空军司令戈林、海军司令雷德尔和登陆作战总指挥福肯霍斯特举行了长时间的会议后，发布了一道正式指令，命令"威塞演习"于4月9日晨5时15分开始。

4月6日夜，由1艘袖珍战列舰、2艘重巡洋舰、7艘轻巡洋舰、14艘驱逐舰、28艘潜艇和若干辅助舰艇组成的德国登陆舰队，搭载着首波登陆的10000

多名士兵，在夜幕掩护下悄悄起航，驶进了波罗的海。

4月7日下午13时25分，英国海军部接到侦察机发来的报告：“发现强大的德国舰队正向北移动，穿越斯卡格拉克海峡，向挪威海岸进发。”

然而英国海军部却不相信这支德国舰队是去挪威登陆的，怀疑其目标可能是英国。信心十足的英国主力舰队于下午19时30分从斯帕卡湾基地起航，北上拦截德国舰队，在北海海面展开战斗队形，搜索德舰，以求一战而全歼德国舰队。

结果，庞大的英国舰队一无所获，他们未能在最有利的时机将警戒十分薄弱的德国登陆舰队消灭在航渡中。德军在毫发未损的情况下，完成了最担心的航渡。

4月9日凌晨4时20分，德国驻哥本哈根使节向丹麦政府递交了最后通牒，要求丹麦立即接受“德国的保护”，限定一个小时内答复。

5时20分，德国驻奥斯陆的使节又向挪威政府递交了相同内容的最后通牒。

而此时德国舰队已逼近挪威各主要港口，并已从海上和陆路向丹麦发起了进攻。丹麦人几乎没有抵抗，海军一炮未发，陆军只被打伤20人，4个小时后便接受了德国的最后通牒。

然而挪威政府却答复说：“我们决不屈服！”

5时50分，德军在挪威沿岸的各主要港口实施登陆，同时出动800架作战飞机和250架运输机，从空中压向挪威。挪威军队还没充分动员，仓促抵抗。

在纳尔维克，当10艘德国驱逐舰迫近港湾时，港内2艘挪威古老的装甲舰“艾得斯伏尔德号”和“挪奇号”向德舰发出信号，要它们说明身份。德军派人乘汽艇向挪舰招降，但挪舰表示坚决抵抗。

德舰于是发起攻击，2艘挪舰先后被鱼雷击沉，300名挪威水兵全部阵亡。至上午8时，纳尔维克被德军占领。

在特隆赫姆，守卫该港的挪威第五师师长遵从吉斯林的号令，未做任何抵抗便交出了这个良港。

在挪威第二大港口卑尔根，海岸炮台向逼近的德舰开炮，重创德轻巡洋舰“葛尼斯堡号”和1艘辅助舰。但其他德舰上的士兵却登陆并在中午前占领了该港。“葛尼斯堡号”当晚被英国轰炸机炸沉。

西南海岸的斯塔万格和附近的苏拉机场于中午落入了德军之手，德军由此获得了在挪威的前线空军基地，掌握了挪威南部和中部的制空权。

南部海岸的克里斯丁海岸炮台虽然两次击退了由德轻巡洋舰“卡尔斯卢合号”率领的德国舰队的进攻，但这些炮台很快就被德国空军炸毁，港口于下午15时左右陷落。“卡尔斯卢合号”在当晚离开港口的时候，被英国潜艇用鱼雷击中，损伤严重，最终沉没。

但是，德军在进攻挪威首都奥斯陆时遇到了意外困难。在4月8日寒冷的夜里，德国舰队原计划当夜抵达奥斯陆，德国大使馆派人在码头上彻夜等候迎接，然而德国舰队一直没有到达。

他们在50千米长的奥斯陆峡湾入口的地方遭到了挪威布雷舰“奥拉夫·特里格佛逊号”的拦截，1艘德国鱼雷艇被击沉，轻巡洋舰“埃姆登号”

被击伤。

接着，在奥斯陆以南约15千米的地方，又遭岸炮轰击和鱼雷攻击，德国舰队旗舰——崭新的“布吕歇尔号”重巡洋舰中弹起火，引爆舰上弹药，船身碎裂，终于沉没，损失1600名官兵，舰队司令奥斯卡·孔末茨海军少将落水后被俘。德国舰队遭此重创，被迫暂时撤退。

奥斯陆是被德国空降兵征服的，4月9日中午，约5个连的德国空降兵在奥斯陆附近的福纳步机场着陆，在吉斯林的“第五纵队”配合下占领了奥斯陆。挪威王室、政府和议会议员带着20辆载着挪威银行的黄金和3辆外交部秘密文件的卡车，撤到奥斯陆以北80千米的哈马尔。

德国空军上尉斯比勒率领2个连的德国伞兵进行追击，遭到顽强抵抗，斯比勒也身受重伤，只好退回奥斯陆。

就在德军登陆的同一天，即4月9日午后，英国主力舰队出现在卑尔根附近，德军迅速出动大批轰炸机，炸沉英军1艘驱逐舰，炸伤1艘战列舰和2艘重巡洋舰。英国舰队初战受挫，撤到设得兰群岛地区。

此后，由于德军掌握了挪威南部和中部的制空权，英军统帅部决定在挪威海南部水域只使用潜艇和飞机。当日晚24架英国轰炸机袭击卑尔根，将已受重伤的德轻巡洋舰“葛尼斯堡号”炸沉。

在挪威北部纳尔维克，受飞机作战半径限制，德国舰队和登陆部队得不到空中支援，遭到英国飞机的严重打击。

4月10日和13日，英国出动大批轰炸机袭击纳尔维克，炸沉10艘德国驱逐舰。

4月14日和16日，英法联军在挪威北部纳尔维克和中部特隆赫姆附近登陆。中部登陆的英法联军于4月19日向特隆赫姆发起进攻，但因得不到空中支援，在德国飞机的狂轰滥炸下遭到惨重损失，至5月2日退出挪威。

在纳尔维克的争夺战中，英法联军得到舰队和空军的支援，占有巨大的优势。然而，这一地区的德国登陆部队对英法联军的阻击战却进行得相当顽强，击退了英法联军的多次进攻。

战斗进行到5月28日，德军放弃纳尔维克，沿铁路向瑞典边界退却。德军在西线发起大规模攻势，6月初法国已危在旦夕，英法自顾不暇。6月7日前，英法联军从挪威撤出了自己的全部军队，挪威国王和政府也流亡伦敦，德军于6月10日占领挪威全境。

在德军的保护下，吉斯林组成了傀儡政府。

挪威战役首次使用了陆、海、空立体作战战术，在人类战争史上写下新篇章。此役德军共伤亡5700人，损失驱逐舰10艘、重巡洋舰1艘、轻巡洋舰2艘、潜艇4艘；英法和挪威军队共伤亡5000多人。

英国损失航空母舰1艘、巡洋舰1艘、驱逐舰7艘，法国损失驱逐舰1艘。

挪威战役后，德国取得了封锁英国和向苏联进军的基地，使中立的瑞典不得不转向德国，不但继续向德国提供铁矿沙，还允许德国经自己的领土向纳尔维克和芬兰北部运送部队和物资。

正在抵抗的军舰 

充当卖国贼受到正义审判

纳粹德国对挪威不宣而战时，受到吉斯林派出人员的迎接。同时，德国驻挪威公使布罗伊尔向挪威政府递交最后通牒，要求毫不反抗地接受“德国的保护”。虽然吉斯林无耻地引狼入室，但挪威政府和人民却决心抵抗。

这些抵抗虽然效果不大，但使得在首都的挪威王室、政府、议会，以及20辆卡车的挪威银行储备黄金和3辆卡车的外交部机密文件得以安全转移，挫败了希特勒企图截获国王、政府和黄金的计划。

4月9日晚，挪威首都奥斯陆沦陷。吉斯林通过电台发表公告，宣布挪威前政府已被推翻，由他本人任首相的政府已成立，宣布抵抗德军是应予处死的犯罪行为，取消前政府颁发的总动员令。

吉斯林的无耻卖国行为激起挪威人民无比的愤慨，人民由最初的惧怕转变为英勇的抵抗。挪威国王和议会也坚决不承认吉斯林的所谓政府。

4月10日，德国驻挪威公使赶到北方，会见挪威国王哈康七世，要求国王批准吉斯林政府并返回奥斯陆。国王断然拒绝公使的要求。

4月11日，吉斯林派出密使到北部劝说国王返回首都，也遭强硬拒绝。

吉斯林引狼入室，恶名远扬，遭到挪威人的唾弃。德国人也感到吉斯林在挪威的名声太臭，于他们的利益不利，决意将他抛弃。

4月15日，离吉斯林自封为首相仅6天，德国人就另行组织在德国占领当局控制下的由6人组成的行政委员会，负责处理外交和国防以外的行政事务。但是吉斯林极力钻营，得以在行政委员会中留任复员专员，实际上负责瓦解挪威人民抵抗运动的军事力量。

4月24日，约瑟夫·特波文奉命出任德国驻挪威专员，成为挪威的实际统治者。9月25日，吉斯林的支持者组成的临时内阁代替行政委员会。

1942年2月，吉斯林重新出任挪威首相，组成完全由吉斯林分子组成的傀儡政府。吉斯林当政期间，对外迎合纳粹德国，为占领挪威的德军服务；对内推行纳粹化政策，镇压人民的爱国抗德活动。

吉斯林把大量的挪威青年送往德军前线充当炮灰。吉斯林宣布国家统一党为挪威唯一“合法”的政党，解散其他一切政党和党派组织。吉斯林仿效纳粹成立国家统一党党卫军，肆意使用暴力，殴打和镇压反对派。吉斯林严格限制人民的自由，甚至规定在挪威沿海各地，除国家统一党党员外的挪威居民都不得私自拥有收音机。

吉斯林不仅严格控制挪威的各级国家机关，而且企图把教会、工会、学校、青年组织乃至体育团体都控制起来，纳入法西斯轨道。

吉斯林的丑恶表演激起挪威人民的强烈反对，规模宏大的抵抗运动在挪威各地展开。吉斯林对此进行了严厉的镇压，逮捕并监禁大批的爱国人士。

卖国贼和独裁者终究没有好下场。1945年5月，随着德国的战败，吉斯林在挪威的统治土崩瓦解，吉斯林本人也被捕。

1945年8月至9月，挪威法庭对吉斯林进行审判，判决他犯有叛国、煽动叛乱和残杀爱国人士等严重罪行，处以死刑，于10月24日执行。

統府
217

第二次世界大战主要傀儡

汪精卫

汪精卫，原名汪兆铭。1937年7月抗日战争爆发时，汪精卫任国防最高会议副主席、国民党副总裁。1938年年底，汪精卫公然发表叛国“艳电”，走上了可耻的卖国道路。1940年3月，任伪国民政府“行政院长”兼“国民政府主席”。1944年11月，在日本名古屋因“骨髓肿”病死。

抗战爆发 鼓吹“亡国”论调

汪精卫，名兆铭，字季新，生于广东三水。汪精卫是他的笔名。

1903年，汪精卫考取官费赴日本留学。1905年参与组建同盟会，一度主编《民报》。

1905年至1906年，他发表一系列文章，宣传革命主张，抨击清政府和改良派。他文思敏捷，又富演讲天分，深得孙中山重用。

1910年3月，为激励革命志士，汪精卫等谋炸清摄政王载沣，事泄被捕，被判处终身监禁。

在狱中，他写下“慷慨歌燕市，从容做楚囚；引刀成一快，不负少年头”等句一时传诵，深得热血青年共鸣。

1911年10月武昌起义后，汪精卫出狱。他与杨度组织“国事共济会”，呼吁停战议和；12月，充当南方议和参赞，参与南北和谈，主张孙中山让权，推举袁世凯为临时大总统。

此后，他到法国留学。回国后，于1919年在孙中山领导下，驻上海创办《建设》杂志。

1921年，孙中山在广州就任非常大总统，汪精卫任广东省教育会会长、广东政府顾问，次年任总参议。

1922年至1923年，孙中山筹备改组中国国民党，汪精卫反对共产党员加入国民党。

1924年1月，中国国民党第一次全国代表大会召开，汪精卫被选为中央执行委员兼宣传部长。

1925年3月，孙中山病危，汪精卫代为起草遗嘱。孙中山病逝后，广东政府于1925年7月改组，汪精卫被选为国民政府常务委员会主席兼军事委员会主席。蒋介石发动“四一二”政变后，汪精卫也于7月15日发动政变，残杀共产党人。

汪精卫

1930年，汪精卫联合冯玉祥、阎锡山、李宗仁共同反蒋。失败后，逃往香港。

1931年，汪精卫纠合各派反蒋势力，在广东另立国民政府，与南京国民政府对峙。“九一八”事变后，再次与蒋介石合作。

1937年7月抗日战争爆发，汪精卫任国防最高会议副主席、国民党副总裁，地位仅次于蒋介石。

此时，人们对战局的形势有三种看法：

亡国论：认为中日战争的结果将导致中国亡国；

最后胜利论：中日战争成为持久战后，最终将引发外国的武装干涉介入，中国在外国的帮助下最终战胜日本；

和平救国论：中日战争成为旷日持久的消耗战后，日本也难于忍受长期的消耗战，所以日本不能灭亡中国，不得不与中国进

行停战和谈。而中国也应该积极响应和谈，尽快结束在中国土地上进行的破坏性巨大的战争，减少中国国力的损失。

这一系列的变化正好与汪精卫等人的“和平救国”论不谋而合，国民党内在“是战还是和”的问题上，发生了重大分裂。

但由于“主战”和正义联系在一起，“主和”不免被戴上投降叛国的汉奸帽子，所以国民政府内“主战”派还是占绝对多数。

在此情况下，汪精卫等“主和派”开始了自己独自的“和平工作”，日后汉奸政府的班底在此时基本形成。

周佛海在南京溪流湾8号的别墅有间地下室，全面抗战爆发后，一些国民政府要员常来这里躲空袭，其中包括顾祝同、熊式辉、梅思平、陶希圣、胡适、高宗武等人。

周佛海

他们将人民的抗战呼声一概斥为“唱高调”，鼓吹“我们能打胜仗是意外的，而打败仗是必然的事”。

他们认为应该停止与日军对抗，和日本人“互相抱头痛哭，彻底忏悔和觉悟”，实现中日“和平”与“合作”。

胡适给这个小集团取名“低调俱乐部”。

周佛海在《回忆与前瞻》里说，当“抗战到底”的调子高唱入云的时候，谁也不敢唱和平的低调，故我们主张“和平”的这一个小集团，便名为

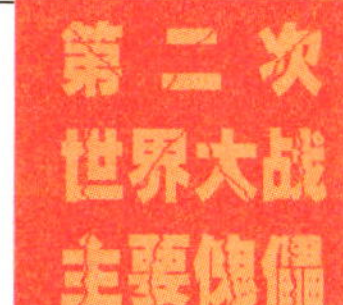

“低调俱乐部”。

“低调俱乐部”的主张与汪精卫不谋而合。当时日本年钢产量近一千万吨，中国只不过十多万吨，汪精卫等人被日本暂时强大的表面现象所吓倒。

此时，汪精卫的“求和”愿望越来越强烈。1937年10月，李宗仁拜访汪精卫时，汪精卫一再问李宗仁：“你看这个仗能打下去吗？”在说的时候，他摇头叹息，态度很是消极。

同时，汪精卫还不断向蒋介石施加压力，给蒋写了十多封信，大谈处理对日关系的“和平”思路，妄图阻止抗战。

尽管周佛海与汪精卫不和已久，曾互相骂对方“不是东西”，都发过誓不再与之共事，但共同的政治主张将他们推到了一起。

汪精卫虽不直接参加“低调俱乐部”的活动，却是这个组织的灵魂，周佛海也成了汪精卫的心腹。

秘密媾和 出卖领土主权

1937年11月5日，德国驻华大使陶德曼向中国方面透露了日本讲和的条件：

内蒙古成立自治政府；华北非武装区域扩大，主权归南京政府，治安由中国警察管理；上海非武装区域扩大，治安由国际警察管理；中国停止反日排日活动；共同反共；减低日货关税；尊重外国人在华的权利。

12月3日，汪精卫在汉口民众团体代表会议上演讲时，对德国大使陶德曼的调停公开表示欢迎。他说："如开始讲和，不可失此机会。"

12月5日，汪精卫接受《新闻报》记者采访时说："若日本真愿意要求和平，提出了可接受条件，则中国也可考虑从事停战。"

次日，汪精卫在汉口主持召开国防最高会议常委会，讨论日方停战条件。会议通过了接受日本停战条件的决议，委派孔祥熙向蒋介石汇报，作最后决定。

但日本的侵略野心并未因为汪精卫的"诚意求和"有所收敛。12月13日日军攻占南京后，以为中国的抵抗已到穷途末路，于12月22日又增加了三项苛刻的条件：一是在华北、内蒙古、华中的非武装地带设立特殊机构，即亲日政权；二是承认"满洲国"；三是中国向日本赔偿战费。

中国政府拒绝了日方的条件，并发表了强硬态度的声明。1938年1月18

日，中国撤回驻日大使，两国外交关系正式断绝，陶德曼的调停以失败告终。

1938年年初，蒋介石以加强军事为由，提出国民党中设立国防最高会议为全国最高决策机关，取代以前的最高决策机关中政会。

《国防最高会议组织条例》规定：国防最高会议主席由军委会委员长担任，副主席由中政会主席担任，蒋介石是军委会委员长，汪精卫是中政会主席，所以蒋介石自然出任主席，汪精卫出任副主席。

1938年3月，在武汉召开的国民党临时全国代表大会上，又修改党章重新确立国民党的领导体制，规定国民党设总裁一人，副总裁一人，大会选举蒋介石为总裁，汪精卫为副总裁。

这样，蒋介石借战争的理由，名正言顺地夺取了汪精卫长期在党内的最高领袖地位。

陶德曼调停失败后，汪精卫意识到国民政府已没有对日媾和的可能，于是决定“暗中努力”，以便在适当时机“接洽停战”。

在汪精卫、周佛海的推动下，蒋介石派外交部亚洲司司长高宗武从武汉去香港，与日本政府取得联系。由于此时日本诱降的对象已从蒋介石转为汪精卫，高宗武此行，实际是为汪精卫日后的叛变开辟了道路。

广州沦陷后，武汉的汪精卫等人更放肆地公开讨论“和平”。汪精卫鼓吹说，“和平”只需要看条件，条件如果有利于中国，为什么不可以接受日本的“和平”呢?

当时，汪精卫以国防最高会议副主席、中国国民党副总裁的身份，大放屈膝求和之词。

7月22日下午17时，汪精卫在武汉的寓所里，见到了匆匆而来的周佛海。周佛海是专为高宗武一事来与汪精卫商量对策的。

一个月前，正在香港的高宗武与周隆庠化装成日本人，先坐出租汽车到达日本总领事馆，然后换乘领事馆汽车，由领事馆派专人护送上一艘日本轮船，以此避开海关检查，顺利离开香港前往日本。

早年毕业于日本东京帝国大学的高宗武，时任中华民国外交部亚洲司司长，陪他而去的周隆庠是亚洲司日苏科科长。周隆庠在新中国成立后写文章详细回忆了当天的过程。

早在1938年2月，经蒋介石批准，高宗武与周隆庠就到达香港，设立了一个名为“日本问题研究所”的情报机构，对外则称“宗记洋行”。在此前，高宗武曾派日本科长董道宁到上海，暗中与日方人士联络。董道宁在日本人的帮助下，秘密去了日本，会见了日本参谋本部中国课兼谋略课长影佐祯昭。

4月2日，高宗武与董道宁一同返回武汉。第二天，高宗武即向时任中央宣传部副部长、代理部长的周佛海报告他在香港的“接洽情况”，然后由周佛海报告给汪精卫。4月14日，高宗武负“秘密使命”再次飞往香港。

5月30日，高宗武返回汉口，向蒋介石、汪精卫、周佛海等报告与日本交涉的情况。蒋介石仍命高宗武返香港，继续探听日本情况。

武汉国民政府旧址

急于开展“和平运动”的汪精卫和周佛海，却希望利用高宗武再次去香港的机会，要他直接去东京，探听日本政府对实现中日“和平”的条件。因为不经过蒋介石，高宗武有些犹豫。周佛海当时告诉高宗武等人，等他们乘上去日本的轮船后，他会向蒋介石报告，此事由他负责。

与以往几次的秘密

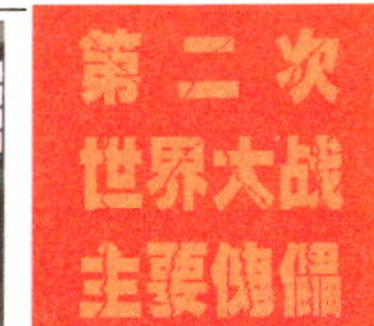

出行相比，高宗武此次属擅自赴日，蒋介石并不知情。高宗武由日本返回香港后，因为害怕而迟迟不敢回汉口。周佛海很快听说高宗武已到香港，因不知底细而十分焦急。

1938年7月19日，周佛海在日记中写道："闻宗武返港数日，迄无消息，布雷兄亦无所闻，为之焦虑。"

高宗武此次日本之行，先后会见了影佐祯昭、参谋次长多田骏、陆军大臣板垣征四郎及陆军省中国课课长今井武夫等人。

他们之间达成了两项协议：

第一，接受日本提出的"和平"条件——承认"满洲国"，日本在蒙疆有驻兵权，中国参加防共协定和日本优先开发华北资源等；第二，决定要汪精卫"出马"。

第二点是高宗武先提出来的。他说："汪精卫早已痛感有迅速解决日中问题的必要，称道'和平论'，而国民政府内部终究不能容纳他的主张。""为促使今后日华间的和平，必须寻找蒋介石以外的人。但是，除汪精卫以外，难以找到其他人。"

直至7月22日下午，周隆庠才拿着高宗武的报告到达汉口，周佛海看到报告后，立即找陶希圣到寓所，决定先将报告送至汪精卫，商谈对策。

周佛海之所以在拿到报告的第一时间便急着见汪精卫，究其原因，是因高宗武的报告中写有日本"希望汪先生出马"的字句。周佛海担心这句话会引起蒋介石不快，所以先来征求汪精卫意见。汪精卫看过后却并没有像周佛海那样紧张，反而安慰周佛海"没有关系"。

当天，高宗武的报告连同他写给蒋介石的亲笔信，通过机要秘书陈布雷，送交至蒋介石手里。

信中说：

委员长钧鉴：职于6月23日由香港秘密东渡，刻已平安返港。兹谨将职东渡日记及在东京会谈记录与职个人观感三项，分别呈阅。倘有可能以供钧座参考之处，则或可渎职擅赴之罪于万一。

蒋介石并不知道汪精卫此前其实已看过这份报告，邀其与张群在三天之后共同商讨。由于信中有日本政府“希望汪先生出马”的字句，蒋介石见信后“怒气满面”，表示今后与高宗武断绝关系，并下令停发高宗武的活动经费。

但周佛海却照旧每月从宣传部的经费中，拨3000元支持高宗武在香港继续与日本保持联系。

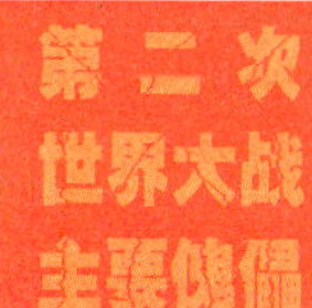

出逃河内
发表投敌“艳电”

1938年7月22日夜，刚刚看完高宗武的报告，明确知道日本人“锁定”自己的汪精卫得到了另一个消息：日军攻占九江的第一线部队波田支队，趁夜色在湖口乘船，在海军掩护下逆流而上，在当天半夜到达离九江22千米的登陆地姑塘。与中国军队激烈交战之后，日军突破庐山北面数道阵地，九江城沦陷在即。

此时的汪精卫面对的是这样一种局面：一方面日军在武汉外围的战役中节节推进，距离武汉的脚步越来越近，本来就对中国人的抗战能力持怀疑态度的汪精卫内心一片灰暗。

另一方面，日本又通过另一种渠道传递出某种“诱人”信息：10天以前，日本五大臣会议正式批准“建立一个新的中国政府”的建议，决定立即着手“起用中国第一流人物”。刚刚与周佛海商量完的这份高宗武的报告更是将这个意图直接点破。

“主战有主战的道理，不过，主战的目的是什么呢？为的是国家能够独立生存下去。如果能达此目的，与日本言和也不失为一种手段。一味主张焦土抗战的、唱高调的应该再坦诚一点，要说老实话。依我看来，日军占领区日益扩大，重要海港和交通路线大多丧失，财政又日益匮乏，在战祸中喘息着的四亿国民，沉沦于水深火热的苦难之中。为尽早结束战争，我曾多次向蒋委员长进言，要打开谈判的大门。”

当蒋介石邀其讨论高宗武报告时，汪精卫仍极力主张由蒋介石出面与日本谋和。但位于权力中心的蒋介石最后作出了相反的决定，汪精卫终于明

白：通过党内决议方式，是不能实现他的“和平”主张的。

回到香港后的高宗武因肺病复发，与日方接洽的任务由他的温州同乡、国民党中央法制委员会委员梅思平接手。日本方面的联系人是时任同盟通讯社上海分社兼华南分社社长的松本重治。从8月29日开始到9月初，梅思平与松本连续进行了五次会谈。

1938年10月，战事上频传着坏消息，广州和武汉相继沦陷。汪精卫利用接受外国媒体采访的机会，多次暗示国民政府没有关闭调停之门，愿意与日议和。而这时日方也已经通过汪精卫的亲信梅思平再次向他转达了希望他出山的意见。

11月26日上午，梅思平由香港飞往重庆向汪精卫汇报，在香港机场，为躲避检查，梅思平将协议抄录在丝绸上，缝在西装马甲里带回面交汪精卫。汪精卫随即召集周佛海、陶希圣、陈璧君等人商讨。

正如梅思平所说：“这件事也实在犯难，搞好了呢，当然对国家有益；搞不好呢，汪先生30多年来的光荣历史只怕让人一笔勾销。”

陈公博也从成都打来电报，劝告汪精卫说：“先生若离重庆将遭到全国民众的反对和唾弃。”

当时从重庆到国外主要有两条路线：一条是由重庆赴香港，这很便捷，但以汪精卫身份显赫，不可能无故公开乘机去香港，所以选择此路有很大的风险；另一条是经昆明赴河内，这比较稳妥，但必须首先征得“云南王”龙云的同意。

龙云属地方实力派，抗日战争开始后，他出兵参加抗日，但当国民党政府和军队退到西南后，龙云深感云南有被吃掉的危险，与蒋介石的矛盾也日渐加深。

陈璧君两次到过云南，多次与龙云进行长时间谈话。当陈璧君说汪精卫“在重庆徒有虚名”“很想换换环境”时，龙云也当即表态：“汪先生如果来昆明，我很欢迎，如果愿意由此出国，我也负责护送，一切绝无问题。”

摸清了龙云的态度，汪精卫一行人最终决定“借路”昆明。

因担心成群结伙走目标太大，12月5日，周佛海以视察宣传工作为名，去了昆明，陶希圣也以讲学为名尾随而去。

汪精卫原定以去成都、昆明作抗战演讲为名，12月8日从重庆动身，在昆明与周佛海等会合，此前汪氏夫妇也将正在重庆南渝中学读书的两个幼子带去昆明，然后转飞河内去香港。但12月6日，蒋介石突然到了重庆，这是武汉失守后蒋第一次入川。

直至12月18日，蒋介石要到行营作特别演讲，汪精卫可以不参加，于是他决定在这一天出走。

12月19日，汪精卫走上了一条万劫不复的背叛道路。他逃离重庆，途经云南，转道河内。1940年，在日本人的扶植下，57岁的汪精卫在南京成立了

汪精卫（左三）和龙云（左四）

汉奸政府。

汪精卫为了替自己的卖国行径做掩饰，在1938年12月29日叛国投敌时给国人的“艳电”中，做了一番表演，电报如下：

重庆中央党部、蒋总统，暨中央执监委员诸同志钧鉴：

今年4月，临时全国代表大会宣言，说明此次抗战之原因，曰：“自塘沽协定以来，吾人所以忍辱负重与倭国周旋，无非欲停止军事行动，采用和平方法，先谋北方各省之保全，再进而谋东北4省问题之合理解决，在政治上以保持主权及行政之完整为最低限度，在经济上以互惠平等为合作原则。”

自去年7月卢沟桥事变突发，中国认为此种希望不能实现，始迫而出于抗战。顷读倭国政府本月22日关于调整中日邦交根本方针的阐明：

第一点，为善邻友好。

并郑重声明倭国对于中国无领土之要求，无赔偿军费之要求，倭国不但尊重中国之主权，且将仿明治维新前例，以允许内地营业之自由为条件，交还租界，废除治外法权，俾中国能完成其独立。

倭国政府既有此郑重声明，则吾人依于和平方法，不但北方各省可以保全，即抗战以来沦陷各地亦可收复，而主权及行政之独立完整，亦得以保持，如此则吾人遵照宣言谋东北4省问题之合理解决，实为应有之决心与步骤。

第二点，为共同防共。

前此数年，倭国政府屡曾提议，吾人顾虑以此之故，干涉及吾国之军事及内政。今倭国政府既已阐明，当以日德意防共协定之精神缔结中日防共协定，则此种顾虑，可以消除。防共目的在

防止共产国际之扰乱与阴谋，对苏邦交不生影响。中国共产党人既声明愿为三民主义之实现而奋斗，则应即彻底抛弃其组织及宣传，并取消其边区政府及军队之特殊组织，完全遵守中华民国之法律制度。三民主义为中华民国之最高原则，一切违背此最高原则之组织与宣传，吾人必自动的积极地加以制裁，以尽其维护中华民国之责任。

第三点，为经济提携。

此亦数年以来，倭国政府屡曾提议者，吾人以政治纠纷尚未解决，则经济提携无从说起。今者倭国政府既已郑重阐明尊重中国之主权及行政之独立完整，并阐明非欲在中国实行经济上之独占，亦非欲要求中国限制第三国之利益，唯欲按照中日平等之原则，以谋经济提携之实现，则对此主张应在原则上予以赞同，并应本此原则，以商订各种具体方案。

以上三点，兆铭经熟虑之后，以为国民政府应即以此为根据，与倭国政府交换诚意，以期恢复和平。倭国政府11月3日之声明，已改变1月16日声明之态度，如国民政府根据以上三点，为和平之谈判，则交涉之途径已开。中国抗战之目的，在求国家之生存独立，抗战年余，创巨痛深，倘犹能以合于正义之和平而结束战事，则国家之生存独立可保，即抗战之目的已达到。以上三点，为和平之原则，至其条例，不可不悉心商榷，求其适当。其尤要者，倭国军队全部由中国撤去，必须普遍而迅速，所谓在防共协定期间内，在特定地点允许驻兵，至多以内蒙附近之地点为限，此为中国主权及行政之独立完整所关，必须如此，中国始能努力于战后之休养，努力于现代国家之建设。

中日两国壤地相接，善邻友好有其自然与必要，历年以来，所以背道而驰，不可不深求其故，而各自明了其责任。今后中国固应以善邻友好为教育方针，倭国尤应令其国民放弃其侵华侮华

之传统思想，而在教育上确立亲华之方针，以奠定两国永久和平之基础，此为吾人对于东亚幸福应有之努力。同时吾人对于太平之安宁秩序及世界之和平保障，亦必须与关系各国一致努力，以维持增进其友谊及共同利益也。

谨引提议，伏祈采纳！

汪兆铭，艳。

汪精卫在这份电报中花言巧语，把他卖身投靠日本帝国主义的罪恶行径，说成是为了“以合于正义之和平而结束战事，则国家之生存独立可保”“始能努力于战后之休养，努力于现代国家之建设”；把欠下中国人民累累血债的日本的野蛮侵略说成是为了“善邻友好”“经济提携”，并以

汪精卫（右一）和侵华日军总司令西尾寿造（左一）

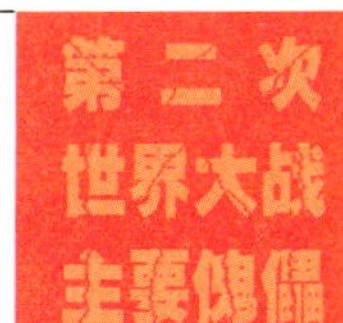

“共同防共”为诱饵拉拢尚未投降的其他国民党势力。

但是，侵略就是侵略，卖国就是卖国，汪精卫的这番徒劳表演，丝毫欺骗不了中国人民。

《南华日报》在头版以通栏标题，刊登了汪精卫的所谓“艳电”。

汪精卫出逃河内的消息，很快传遍全国，引起了全国民众的一片声讨。

中国共产党指出，国民党主战派与主和派开始分裂，汪精卫的骨头是最软的，他身上充满了奴颜和媚骨，没有丝毫的民族气节，号召全国人民开展“讨汪运动”。

在香港的国民党元老何香凝发表文章，谴责汪精卫认敌为友、连做人的良心都已丧失。

1939年的元旦到了，山城重庆没有一点喜庆的气氛。这天上午，国民党召开临时中常会，蒋介石、林森、张继、吴稚晖等国民党中常委出席了会议。会议一致通过决议：将汪精卫永远开除出国民党，撤销汪精卫的所兼各职。

就在这之后没多久，蒋介石派陈布雷和外交部长王宠惠前往河内，找到汪、陈。王带去了蒋介石的口信：只要汪精卫断绝与日本人的联系，一切都好说，可以暂时先到国外休息一段时间，将来复职没有问题。这些，遭到了汪精卫的拒绝。

令汪精卫没想到的是，日本近卫内阁宣布辞职，这使他陷入十分被动的境地。

另外，龙云变心，没有按照当初的承诺发表对汪精卫“和平运动”的响应，迎接汪精卫在云南建立“新政府”，也使汪精卫十分沮丧。汪精卫本来并没有考虑在日军占领区建立政府，所以龙云的变心使汪精卫设想的“和平运动”完全泡了汤。

侥幸逃命
组阁汉奸政府

1939年元旦，汪精卫被开除党籍，并撤销一切职务的同时，蒋介石要求抢在汪精卫离开河内到南京筹组伪政府之前将其杀掉。

军统局局长戴笠奉蒋介石之命，马上行动。尽管军统在暗杀方面轻车熟路，但对这次在国境以外组织暗杀没有太大把握。为此，戴笠派军统特务陈恭澍等人飞往河内，并任命陈为行动组组长。

戴笠带亲信秘书毛万里在香港建立了调度指挥中心，昼夜坚守。而且在派陈恭澍前往河内的同时，戴笠还曾瞒着他秘密到河内安排。

陈恭澍是军统天津站站长，此人思维缜密，策划过枪杀张敬尧、绑架吉鸿昌等一系列行动。组员王鲁翘，曾任戴笠贴身警卫，是一名职业杀手。组员余乐醒，是军统元老，对特工技术极有研究，而且能讲法语，赴河内十分适合。此外，岑家焯、魏春风、余鉴声、张逢义、唐英杰、郑邦国、陈布云等人都是杀人不眨眼的老牌特务。他们共18人，被称为“十八罗汉”。

陈恭澍亲自侦察，了解到汪精卫住在河内的一个高级住宅区——高朗街27号。这是一栋三层西式楼房，后门的道路复杂，巷道纵横，对暗杀后撤离十分有利。

在军统磨刀霍霍的同时，汪精卫却有些孤独和失落。

1939年1月4日，日本近卫内阁辞职，继任的首相平沼骐一郎对“和平运动”不感兴趣，这让汪精卫感到从未有过的惆怅和迷惘。他每天躲在房间里，从不外出。

他后来写道：

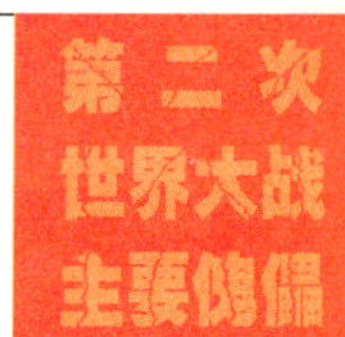

脱离了重庆，在河内过的这孤独的正月，在我的一生，是不能忘却的。

当年河内是法国人的天下，汪精卫的侍卫连枪都不能带。

陈恭澍等人在河内一直在做着准备，但戴笠告诉他们：没有蒋介石的“制裁令”，不可轻举妄动。因为蒋对汪精卫还抱有一丝希望，期望有一天汪会“幡然悔悟”。

为此，蒋介石派原改组派成员谷正鼎赴河内，对汪精卫进行游说。汪精卫对蒋介石本来就没有抱什么希望，断然拒绝了蒋介石希望他回去的请求。谷正鼎无功而返。

谷正鼎一走，汪精卫就对陈璧君、曾仲鸣说：“我们今日以后，要小心点，他（蒋介石）要消灭我们三个人。”

1939年1月16日，在香港的梅思平在路上被数人袭击打伤头部；1月17日，亲汪精卫的香港《南华日报》社长林柏生在回家途中被两个大汉用斧头砍伤头部，幸亏一个外国船员发现出面制止，林柏生才免一死；1月18日，在澳门的汪精卫外甥沈次高被人开枪打死；1月28日，突然有十多个身份不明的人从汪精卫住的山下向上攀登，汪精卫得报后紧急下山。

此后汪精卫搬入人口稠密的河内市高朗街27号居住，并向法国殖民当局申请保护，但法国殖民当局只是派一个警察在门外象征性地站岗。

3月19日，根据蒋介石的指示，戴笠从重庆给河内的陈恭澍发去急电：“立即对汪精卫予以严厉制裁。”

陈恭澍立即投入到紧张的策划中。

3月20日上午9时，陈恭澍正在研究行动方案，突然接到报告，说汪精卫全家打点行装，似乎要外出。陈恭澍决定携带上武器驾车追赶。

汪精卫一行出门后，乘坐两辆轿车，向红河大桥方向开去。由于天气晴朗，陈恭澍等人看到两辆车上坐着九至十人，除了汪精卫、陈璧君和曾仲鸣

外，其余的人都不认识。

汪精卫一行发现有人跟踪，加快了车速。军统特务们紧紧尾随，在一个商业区的十字路口，由于遇到红灯，塞车严重，汪精卫一行趁机摆脱了跟踪。

3月21日下午16时，在现场监视的特务魏春风报告说，汪精卫和陈璧君在门外的草坪上说话，好像在争吵。陈恭澍立即带两名特务赶往高朗街。等到了汪精卫寓所外边，发现草坪上空无一人。

错过两次刺杀汪精卫的机会，陈恭澍很懊恼，决定当夜发起一次突击性强攻。21日夜23时40分，陈恭澍驾车带着六人出发，在接近汪精卫寓所的一个巷道，两名越籍警探拦住了他们。陈恭澍把口袋里的4500元钱全部掏出，警探终于放行。

到了高朗街27号后门，陈恭澍对行动做了分工：自己留守车上，张逢义和陈布云留在外边放哨，王鲁翘、余鉴声、郑邦国、唐英杰越墙而入。郑邦国以利斧劈开楼房前面的门，随后四人飞身上楼。

汪精卫宅的人被惊动了，厨师何兆开门张望，郑邦国抬手就是两枪，伤及何兆左脚，并吼道："谁再出来，老子的枪不认人！"

特务堵住侍卫居住的房门，对他们说："不许动，谁动就打死谁！"汪精卫的侍卫们出境后不准带武器，所以不敢轻举妄动。

特务王鲁翘冲上三楼，对着汪精卫居住的北屋撞了几下，却怎么也撞不开。显然，屋里有人，门被反锁了。根据陈恭澍的回忆，王鲁翘接过唐英杰带来的利斧，将房门劈了个洞，但门没打开。

屋里的台灯还亮着，王鲁翘发现屋里有一男一女，便对准床下的男子开枪，三发子弹均击中此人腰背，但无法进入房间以验明正身。随后，王鲁翘招呼特务们撤离。

然而被刺的不是汪精卫，而是汪精卫的秘书曾仲鸣。昏暗的灯光下，曾仲鸣夫妇倒在血泊里。何文杰（汪精卫大女婿）吓得不知所措，要汪文惺（汪精卫大女儿）赶快打电话报警。

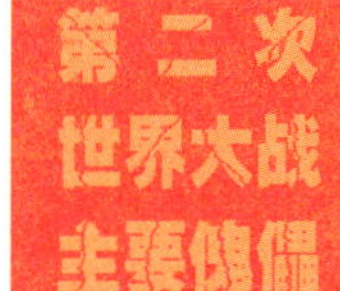

十多分钟后，法国警察赶到。随后，救护车将曾仲鸣夫妇送到医院急救。

曾仲鸣被送到医院后，伤势非常严重，但他神志尚清醒。他知道自己快不行了，让人赶快拿来支票，一张张在上面签名。汪精卫从重庆随身携来的现金，都是以曾仲鸣的名义存在银行，如果没有曾仲鸣的签名，这些钱将很难从银行取出来。

曾仲鸣签完名后，便昏迷不醒，经医生全力抢救，仍回天乏术，死在手术台上。曾仲鸣夫人方君璧右胸中了一枪，另两枪一枪在臂，一枪在腿，在医生的救护下，保住了性命。

当时，在福特车里的陈恭澍极为紧张，不知道行动是否成功。见王鲁翘出来，也来不及等其余人上车，便驾车飞驰而去。不久，唐英杰和陈布云也先后回来了，但其余三人被河内警方逮捕。

凌晨4时50分，军统的内线传来情报，说汪精卫安然无恙，打死的是曾仲鸣。陈恭澍一下子从头凉到了脚。

此时，戴笠命令陈恭澍立即返回重庆。陈恭澍离开河内后，在河内的军统特务继续寻机刺汪。大特务余乐醒想了一个办法，将一种毒药放在一个小罐内，其中散发出来的气体可以置人于死地。

他费了很大劲，将小罐放入汪精卫的浴室里，但仍未能伤及已提高了警惕的汪精卫。另一个大特务曹师昂，曾和法籍妻子打扮成记者模样去汪精卫宅探路，准备日后下手，但都未成功。

对于刺汪行动失败，军统方面后来总结原因，均认为根本症结是情报不准确，误将曾仲鸣居住的房间当成汪精卫的房间。实际上，因为汪精卫为人狡猾，行动诡秘，白天多在北房起居会客，夜晚去别的房间睡觉。刺汪行动组误以为北面大间为汪精卫的卧室。

陈恭澍回到重庆后，戴笠始终不见他，即使两人进入防空洞中，也视而不见。

两个月后，戴笠才召见陈，任命他为军统局代理第三处处长，到上海

去主持工作。因为在上海，军统在与汪伪“76号”汉奸特务的较量中节节败退，戴笠希望他去力挽狂澜。

戴笠还说，到上海后，要继续对汪精卫实施“制裁”。

河内枪声宣告了蒋介石、汪精卫的彻底决裂。汪精卫决心死心塌地投靠日本。

河内的冬天非常温暖，红花绿草，到处是一派生机盎然的春天景象。

体弱多病的汪精卫从寒冷的重庆来到这里，呼吸着湿润新鲜的空气，感觉良好，紧张的心情松弛下来。可他在这里没住上几天，坏消息就接踵而至。先是举国上下口诛笔伐，一致声讨他叛国投敌；接着传来日本国内因各种矛盾激化，首相近卫突然辞职的消息。

加之继任首相平沼骐一郎对近卫策划的“汪日和平行动”不感兴趣，主张用战争解决问题。这样一来，汪精卫便在河内被冷落下来。

当初痛下决心，准备脱离蒋介石干一番轰轰烈烈的事业，哪怕是背上“汉奸”罪名也在所不惜，而如今却成为被扔在路边的一只破鞋，无人理睬。汪精卫十分着急和痛苦，再也无意欣赏周围的美丽景色，吃不好，睡不安。

从此，汪精卫永远失去了在中国政坛上东山再起的机会，失去了在国民党内与蒋介石抗衡的资本。这也正是蒋介石所企盼的。

1939年4月25日晚，汪精卫在日本人的保护下，秘密逃离河内，经由海防乘船前往上海。

5月26日，汪精卫在上海召集高级干部会议，研究向日本政府主动提出“建立政府”的计划问题，参加会议的有周佛海、陶希圣、高宗武、梅思平等人。会议经过3天的讨论，拟订出了《关于收拾时局的具体办法》，准备以书面形式提交日方，汪精卫亲赴日本和日方谈判。

《关于收拾时局的具体办法》的主要内容是：改组国民政府，“还都南京”。

5月31日，汪精卫、周佛海、梅思平、高宗武等11人，在影佐祯昭和犬

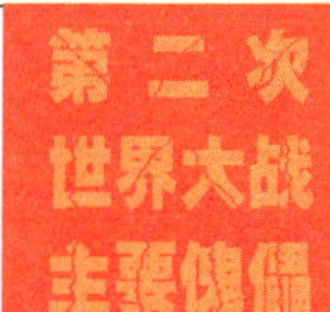

养健陪同下秘密飞往东京。对汪精卫的来访，新任首相平沼骐一郎召开政府首脑紧急会议，讨论汪精卫提出在南京组建政府的要求。

平沼说："原来我国政府鼓励汪氏出逃重庆，是为了促进重庆政府内部分化而与帝国政府议和，这样战事就可能更加顺利一些。原先我们只是计划在经济上支持汪氏进行和平运动，现在汪氏要求我国政府支持他在南京组织中央政府，这是我们未曾想过的。"

日本政府内部对汪精卫提出建立政府的设想意见很不一致，经过激烈的争论后，日方终于统一意见，同意汪精卫建立新政府。

6月5日，日本内阁五相会议拟出《建立新中央政府的方针》，但日方的这个方针和汪精卫建立政府的设想相去甚远。

阿部首相的新方针使汪精卫在日占区建立"中央政府"的计划成为可能。汪精卫开始策划新政府的同时，也展开了各种宣传活动。

汪精卫在《我对中日关系的根本理念和前景目标》的广播讲话中，提出

蒋介石（左一）和李宗仁（左三）

了中日间“结怨不如解怨”的看法，汪精卫说：“现在中国面临两条道路，一条道路是把蒋介石先生等人夸口的抗日战争继续下去，但我实在看不出重庆有取得抗战胜利的军事力量，抗战的结果只能使共产党受益；另一条道路是继承孙中山先生的遗志，朝化敌为友、解怨的方向努力。前者是中国走向亡国之路，后者是中国走向复兴之路，也是亚洲走向复兴的道路。我决心选择后者的道路，也希望全国各党派和无党派的有志之士加入我们的行列。”

1939年10月，日本兴亚院起草了《日华新关系调整要纲》，以此作为与汪精卫谈判成立“中央政府”的基本条件。

所谓“兴亚院”，是日本政府于1938年7月成立的一个专门处理中国问题的部门。兴亚院提出的《日华新关系调整要纲》，包括《调整原则》、《调整要项》、《调整要纲附件》，比起前首相近卫文麿之前宣布的“善邻友好、共同防共、经济提携”三原则有很大的倒退。

《要纲》的主要内容有：承认“满洲帝国”，给予蒙疆自治权，对华北实行防共驻兵，允许日本军舰在长江沿岸及华南特定岛屿驻屯停泊。

日方的“和平运动人士”对兴亚院的《日华新关系调整要纲》也感到不满。影佐祯昭说：“如果以此方案为基础与汪先生谈判，就会使人怀疑日本政府的信义。即使汪先生接受了这个条件，和平运动也不会成功。”

犬养健说：“除了《日华新关系调整要纲》，还有附件等八件，好比一座大山压在汪先生身上，怎么能使他开展国内的和平运动呢？又怎么能使他得到中国民众的信任呢？”

汪精卫考虑再三，还是准备在这个基础上进行谈判。汪精卫给影佐回信说：

尊函及日华关系调整拟订方案已收到，似与近卫声明宗旨相当差异，颇以为憾。但对此拟订方案为基础进行谈判，则无异议。谈判委员以周佛海为主任，梅思平、高宗武、陶希圣、周隆庠为委员。希肝胆相照，和睦相处，以审拟东亚问题。

1939年11月1日，以周佛海为首的汪方代表开始与日方代表举行秘密谈判。汪方要求谈判以近卫声明、上海重光堂协议和东京谈判的三个文件为基础，表示很难接受上述三个文件中所没有的东西；而日方则态度强硬，坚持《要纲》的方针。

由于双方一度争执不下，只好中途休会。12月，双方的谈判再开，日方同意在协议书上附加一份《绝密谅解事项》，其中加入了汪精卫的一些要求。

日方的让步之一是把日本在华驻军分为防共和治安两类，前者驻军的区域规定为蒙疆，以及正太铁路以北的晋、冀北部及胶济铁路沿线地区；后者驻军则另行协定，其余地区的日军在"和平"恢复后两年内撤退完毕，但并没有说明什么时候才算恢复"和平"。

虽然日方的让步很有限，汪精卫最后还是接受了日方的条件，成立"中央政府"。这是因为与以前国民党副总裁的身份相比，现在汪精卫的身价已跌为一个被政府通缉之人，不再有太多讨价还价的资本了。

12月30日，周佛海代表汪精卫在协议草案上签字，周佛海辩解道："弱国无外交，现在我们暂时失去了某些主权，一旦新政权建立后，经过和平建设，国势日盛，到那时我们再与日方交涉来废除有关的条约和协定也不是不可能。"

1940年3月20日，"新政府"在南京宣布成立。

4月26日，"新政府"在南京举行"还都"仪式。此时日本的阿部信行内阁已经倒台，1940年1月16日成立了米内光政内阁。前首相阿部信行作为特使，和日本众议院议长、贵族院议长以及日军总参谋长等要人出席了"还都"仪式。

仪式在国民政府大礼堂举行，里面挤满了文武官员和前来祝贺的市民，文官身穿中式礼服，武官身穿军装，但大家的脸上都没有"还都"的兴奋。大礼堂里人头攒动，却是一片肃静，偶尔还传来低声的叹息声甚至哭泣声。

罪有应得 丧命防空洞中

汪精卫的“中央政权”建立半年后，在以前密约的基础上又进行了一次谈判，签订了公开的《华日基本条约》。1940年11月30日，在南京举行《华日基本条约》签字仪式，汪精卫以“行政院长”的身份出席签字。汪精卫身穿礼服站在礼堂的石阶前，此时汪精卫的脸上重新浮现出一丝微笑，走下台阶迎接阿部特使。

汪精卫政府成立后首先进行的就是诱招重庆政府的军政要人加入他们的“曲线救国”行列。这个诱招行动虽然没有很大的成果，但也并非一事无成。

至1943年8月，投奔汪精卫的重庆政府官员有国民党中央委员20人，高级将领58人，军队50多万人，这些人都是不满蒋介石的政客和被蒋介石排挤的地方杂牌军。但1943年8月日本在太平洋战场失利之后，就无人再来投奔汪精卫政府了。

其次汪精卫深感以前没有自己军队的苦恼，决心组建一只自己的军队。汪精卫效法孙中山办军校的方法，主办起“中央军政干部训练团”，由“中央军委”直接领导，汪精卫亲自兼任团长，陈公博兼任教育长，周佛海兼教务长。

训练团的对象是收编的投奔他们的地方杂牌军，训练以3个月为一期，自上而下，一直训练到排长为止。汪精卫的“国民政府”最多时曾有军队百余万，但在短短的一两年时间里汪精卫还得不到军队的绝对效忠，1943年日本显出败色后，许多投奔汪精卫的军队又转投蒋介石。再加上来自日本方面的

压力，都导致了这个计划收效甚微。

然而，汪精卫成立“政府”后比较“成功”的一件事就是“清乡”。所谓“清乡”就是清除国民党残军、共产党新四军在乡村中的势力，建立起“汪精卫政府”统治的末端机构。经过一年多的时间，完成了江苏、浙江、安徽三省的清乡工作。

此后，汪精卫利用太平洋战争大大改善了汪伪南京政府的地位。1943年以后，日本已露败迹，汪伪政府的官员也感到忧心忡忡，一旦日本战败，他们的出路在哪里？周佛海等不少高官开始暗地里和重庆方面取得联系，为自己准备一条退路。

而此时汪精卫的健康开始恶化。1935年11月1日，汪精卫在参加完国民党四届六中全会到中央政治会议厅门前合影时，被爱国志士孙凤鸣刺杀，但三枪终未击中要害，有一颗子弹留在背部未能取出，造成的隐患使汪精卫经常感到背部、胸部及两肋的剧烈疼痛。

1943年11月，日本在东京召开大东亚会议，汪精卫参加会议，并会见了日本首相东条英机。工作谈完之后，汪精卫向东条英机提出一个请求，他想请东条英机派几名医生去南京，为自己取出留在后背上的那颗子弹。

东条英机答应了汪精卫的请求，派出了黑川利雄一行，带着医疗器械来到南京。

经过一番细致检查，黑川利雄告诉汪精卫，后背的那颗子弹已伤至骨头，但并没有什么大的障碍，还是不取为好。

汪精卫仍不放心，子弹留在体内，他总觉得是一个威胁。没过多久，汪精卫跑到南京日本陆军医院，坚持要医生取出子弹。日本驻南京陆军医院的后勤部队长、中将医师铃木小荣于1943年12月亲自操刀，替汪精卫取出了那颗子弹。

可能是手术伤及了中枢神经，术后，汪精卫的双腿变得不听使唤，一时大小便失禁，病情恶化，任何药物均不起作用。1944年元旦以后，汪精卫已不能从床上坐起。3月3日，汪精卫在陈璧君及其子女的陪同下，乘专机去日

本就医。

汪精卫飞抵日本后，住进了名古屋帝国大学医院的特别病房里。汪精卫的住房除了极少数高级医务人员知道外，其他人员毫不知情。

3月4日，名古屋帝国大学附属医院组织黑川利雄、斋藤真等8名教授对汪精卫进行会诊，再一次确诊为因子弹头在体内过久，诱发成为多发性骨髓肿，第四至第七胸椎骨的肿胀已由背部向前胸扩散，严重压迫脊髓神经。

3月4日晚上，由斋藤真教授主刀，进行手术。因美国飞机刚刚轰炸而引起的熊熊大火，将手术室的玻璃外窗映得一片殷红。

手术前，当医生洗手消毒戴橡皮手套时，竟发现3副是破的，真正急坏了一大群在场的教授。斋藤真火冒三丈，厉声训斥道：“怎么连手套也没有了？啊！一群蠢驴！”

汪精卫（左四）和东条英机（左三）

但医院里实在找不出来，结果动员全市医院，总算找到几副，手术因此拖延了一个多小时。陆军方面的负责人中村大佐抱歉地说："工业区都炸光了，物资实在缺乏，请教授们原谅吧！"

手术做了近两个小时，从汪精卫的背部切开，深入前胸，切除了有病变的4块骨片和3根肋骨。等麻醉药性过去以后，汪精卫自己用手摸摸大腿，已有知觉，双足也可以活动了，汪精卫十分高兴，在后来的4天中，都是如此。

汪精卫感到病愈有望，就在病床上对陈璧君和儿子汪孟晋说："看来，我还命不该绝，可以再回南京。"

陈璧君听着日夜的轰炸声，忧心忡忡地对汪精卫说："兆铭，你的身体看来会一天天好起来，但战局实在太糟糕了！美国飞机的狂轰滥炸，你也听到了。我们该怎么办呢？你要想想办法才好哩！"

"如果日本垮台，蒋介石是不会放过我们全家的。父亲应该召公博和佛海来，商量商量对策。"汪孟晋附和着母亲说。

于是，汪精卫立即密电召见陈公博和周佛海。两人次日就乘飞机赶到，在病榻旁先说了些祝贺健康的话。言归正传，汪精卫心情沉重地说："日本朝不保夕，一旦战败，我们这群人就死无葬身之地了！叫你们来，就是要想想办法。"

"我早已通过戴笠，和蒋介石接上关系。蒋已经答应，胜利后，对我们做政治问题处理，人人无罪，更不会伤汪先生一根毫毛。"周佛海倒也坦率，得意扬扬地说着。

"蒋介石和戴笠的话怎可信得？只要落到他们手里，他们才不讲信义和情面呢！"

"佛海讲的也是对的。但这是束手就擒的方法，不是上策。我想我们在苏、鲁、皖一带，尚有兵力近30万人，像郝鹏举、孙良诚等，都是旧西北军冯玉祥的老部下。蒋、冯两人至今不和，而1930年汪先生又和冯玉祥合作反过蒋。我们把这些部队改编整顿，由汪先生领导，拥护冯玉祥，我们就可以和蒋介石及毛泽东逐鹿中原，形成鼎足而立的局势了，岂不更好？"陈公博摊出了他的打算。

“这不是又要打内战了吗？”周佛海不赞成这个方法。

汪精卫想了好长一会儿，开口道：“公博所言，未尝不是一条出路，否则我们要上天无路入地无门了。掌握实力是必要的，但这样做有把握吗？能有什么样的结局？”

陈公博相当兴奋，他一直是搞军队政治工作的，胸有成竹地侃侃而论：“不能说绝对有把握，但至少可以另组政权，在国内这局棋中讨价还价。”

谈了一会儿，周佛海说有事要走开一下。周走出病房后，陈公博就神秘地对汪精卫说：“日本人知道自己要失败了。我这次来前，日军驻华总司令冈村宁次郑重找我密谈很久。冈村说：‘日本败在海空军，陆军元气未伤，如战争失败，我岂能甘心让中国落入共产党之手！……所以我决定将100万日军，改穿你们的军装，全部三八式配备，交给你们，让汪先生仍控制局势。’如果真的实现，再加上30万旧西北军，这可不是个小的力量啊！”

汪精卫听得入神。等陈讲完，就赞许地说：“意见不错，可以考虑。我们把首都搬到徐州或开封去。只是用日本军队的事，要慎重考虑，三思后行。但我们至少可以接受冈村的大量武器和军火。”

等周佛海回来后，又谈了一会儿，未作决定，就此散了。

陈公博回到南京后，就着手准备起来。这些旧西北军合起来确有30万之众，占领着河南东部、山东南部和江苏大部，确实不可小看这股力量。周佛海知道后，立即密电详告蒋介石。

于是，蒋介石命戴笠和周佛海对这批将领分别拉拢，各个击破，到头来让陈公博只落得个竹篮子打水一场空。

汪精卫吃了陈公博的空心汤团，自我陶醉了一场。不料半个月后，双腿又渐渐失去知觉了，已退的寒热又高起来了，有时昏迷，有时清醒。回南京的梦想看来要落空，就这样缠绵病榻，竟成了个病骨支离的残躯，汪精卫再也没有心情去想南京的事了。

1944年6月6日，英美盟军在法国北部的诺曼底登陆成功，长驱直入，和苏联红军配合直捣柏林。消息传来，震动日本。等传到汪精卫耳中时，他一气之下，昏了过去。

等到醒来，汪精卫眼泪汪汪地对陈璧君说："现在日本已成为全世界唯一的共同敌人了，岂有不败之理！我们的命运可想而知了。不知公博逐鹿中原的计划能否实现？"

"你病到如此地步，还管什么中原不中原，快不要多说话了。"陈璧君早已愁得不可开交，因为日本医生多次会诊，已经确定汪精卫是骨癌绝症，无法治疗，生命不会拖过半年。但汪精卫自己不知道。

"我们上海，有一种叫镭的东西，听说可以治癌症，能不能拿来试试？"陈璧君抱一线希望，哭着对斋藤真教授说。"这是一种放射性元素，对癌症可能有效。就试试吧！"教授回答得软弱无力，毫无自信。

汪精卫的儿子汪孟晋，在38度的高温天气，飞到上海，强迫"镭锭医院"的专家拿出了镭，立即动身。医生冒着酷暑，带着仅有的一点点镭，和汪孟晋到了名古屋。到达当天立即进行了镭的放射性治疗。

但10天下来，丝毫不见功效，汪精卫的发烧和疼痛反而更厉害了。汪精卫发怒说："不……不要再做了！"

镭元素照射的失败，使陈璧君和日本教授们束手无策，陷入绝境。汪精卫已经形销骨立，奄奄一息。他虽不知生癌，但已自感在劫难逃。

"公馆派"亲信林柏生来探视。见汪精卫病骨支离，已失人形，不禁暗暗吃惊。

汪精卫清醒后，就对林讷讷地说："你回南京后，快叫公博实行中原计划。周佛海已通蒋了，有些事不要告诉他。我的命不久了，你是管文化宣传的，多年来一直跟着我，现在我就向你作个交代吧！"

"我的文章不必保存，但我的诗稿必须收藏好等待时机出版，就叫《双照楼诗词》吧！柏生，你要跟着公博走。我一生反共，人人皆知，我实在不愿中国落入共产党的手中，但现在看来，可能很难避免了……你自己好自为之……"汪精卫气喘痰涌，已经说不下去了。

战机进行地毯式轰炸

汪精卫这些话，可算是最后遗言了。直至病死，没有再说过什么。

拖到11月初，名古屋已是大雪纷扬，寒气袭人。日本人穷得连煤炭都没有，自然烧不出暖气来。汪精卫只得钻在厚厚的绒被中，过一天算一天。

这时，美国人的“波浪式”、“地毯式”轰炸更加强烈了，名古屋一片火海，爆炸声连绵不绝。

11月8日，医院旁中了重磅炸弹，震得门窗破裂，玻璃四飞。日本人不放心，只得把汪精卫迁移到地下防空洞去。汪正发着40度的高烧，防空洞内没有暖气、没有火炉等于进了冰窟。一冻、一惊、一动、一吓，汪精卫精疲力竭，病势加剧。

等到11月11日下午16时20分，汪精卫就双眼泛白，手足挺直，一命呜呼了！

尸骨无存 残躯灰飞烟灭

日本人自己都在水深火热之中，哪有心思再来顾汪精卫的死活，但表面文章是少不了的。近卫文麿、东条英机等赶到名古屋，劝慰陈璧君，决定将汪精卫的尸体先草草成殓，火速运回南京。

1944年11月12日上午9时，汪精卫的临时棺木被放上专机。机内供奉着日本裕仁天皇特赐的菊花勋章和颈饰。日本还派了久已不见踪影的4架飞机护航，从名古屋起飞，汪精卫总算又“回”南京了。

飞机降落的地点是南京明故宫的日本军用机场。

这一天的南京，戒备森严，高射炮对准天空，上百架日本飞机也硬着头皮准备对付万一出现的空战。在机场上恭候灵柩的陈公博、周佛海、林柏生、褚民谊等，站在寒风中瑟瑟发抖。

下午17时30分，汪精卫的专机和护航机在紫金山上空盘旋一周后，缓缓降落在机场上。汪伪仅有的一个军乐队奏起哀曲。陈公博等人慢慢迎上前去。机门打开，第一个下来的就是面颊重霜的陈璧君。

大家向她慰问，她却一言不发，双目怒视，挥手叫人闪开。然后，临时棺材被抬下飞机，陈公博、周佛海、褚民谊、林柏生等将棺材托上灵车。

于是，400多辆汽车，由光华门进城，往中山路、新街口、鼓楼兜了一圈，近一小时后才到达伪国民政府，棺材就放在大礼堂。

伪政府成立了一个“哀典委员会”，由陈公博任委员长，周佛海等为副委员长，不惜工本，大办丧事。而且煞有介事地降了半旗，停宴会，缠黑纱，辍戏曲，罢歌舞。这一夜，颐和路汪公馆的大厅内，灯火通明，正在召

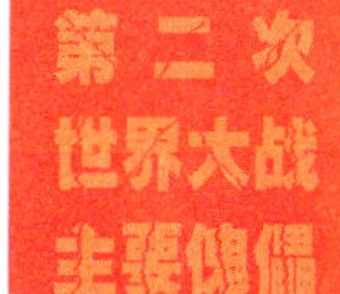

开“哀典委员会”第一次会议，人们心情沉重，面色肃穆。

沉默了好久，陈璧君忽然河东狮吼：“怎么，都成了哑巴啦？一群没出息的东西！如何对得起汪先生在天之灵！”

只有陈公博胆子大些，还敢开口：“夫人，汪先生有遗嘱吗？”

“没有！”陈璧君顿了一下再说，“中原的事不老早讲过了吗，这就是遗嘱！”

陈璧君隐瞒了汪精卫写的《最后之心愿》，那是要20年后方可发表的。

“我们打算替汪先生国葬。”陈公博讨好地说。

陈璧君冒火了，霍然站起，厉声说道：“不要国葬！汪先生生前不同意国葬！他关照只要在紫金山的梅花岭中，择块风水宝地，搞个坚固的坟墓，长眠在中山先生边上就可以了。在墓前石碑旁，再立一通矮碑，刻上先生最喜欢的《咏梅》诗。墓碑上只刻‘汪精卫之墓’，连‘先生’两字也不要。其他你们不必再多说。都听懂了吗？”

陈璧君说得斩钉截铁，冷若冰霜，谁还再敢多嘴开腔呢！她拿出事先写好的汪精卫的《咏梅》诗来，这是汪精卫以前的手稿，上面写着：

梅花有素心，雪白同一色。
照彻长夜中，遂会天下白。

陈公博看后，没有说话，将诗稿放进公文包内，会就算开完了。

11月13日上午，汪精卫的尸体移入上等楠木棺材，重新入殓。

汪精卫穿着藏青长袍和玄色马褂，戴着礼帽，两眼微微睁开，似乎还放不下这江南半壁江山。

陈璧君再三用手按抚，怎奈尸体早已僵硬，再也闭不起来。陈璧君在棺材旁边，拿出一方宣纸，用毛笔写了“魂兮归来”四个大字，塞在汪精卫的马褂内，作为最后的凭吊。

在停灵期间，陈璧君和子女们就住在棺材旁的房间内。她要看看守灵

人是否真正忠诚。她亲自拟定了一张名单，凡部长级的人，都要分批通宵守灵。“哀典委员会”只有一切听命，哪敢违拗。

第一夜守灵的是陈公博、周佛海和褚民谊。时至半夜，严寒逼人，褚民谊不知不觉全身冰凉，打起盹来。还未睡着，就被刚好出来查夜的陈璧君看见了，立即大声骂道：“褚民谊，你要睡觉了，是不是？对得起你姐夫汪先生吗？给我站好！立在灵柩边，直至天亮！真是个不争气的东西！”

褚民谊是陈璧君的妹夫，被骂得狗血喷头，只得一声不响，哆哆嗦嗦地站着。

日机在天空巡逻

因为是陈璧君亲拟的名单，谁也不敢怠慢，人人守灵24小时，那时南京正是隆冬，有的人只好带着毛毯披在身上。

一天，半夜时分，陈璧君一觉醒来，到灵堂查看，只见伪文官长徐苏中正裹着厚厚的毛毯，坐在地上。她怒气不打一处来，立即就像炸弹爆炸似的大声吼叫："徐苏中，你起来！回公馆抱着小老婆纳福去好了！守什么灵？汪先生对你如何？你守一夜灵都不肯吗？"

徐苏中哪敢违抗，立即颤巍巍地站了起来，直至天明。

在一星期的守灵中，除陈公博、周佛海外，几乎人人都受到程度不等的训斥。连杀人不眨眼的特务头子丁默邨，也被陈璧君骂得哭笑不得。

11月23日，伪政府替汪精卫在南京大出丧。

这一天天气晴朗，但酷寒逼人，重裘不暖。大家吃不消陈璧君的雌威，纷纷在早晨6时前赶到。待太阳初升时，一个小小的灵堂，已经人头攒动了。

6时30分，举行"移灵祭"，由陈公博站在棺材前，高声朗读祭文，这是一篇艰涩难懂的八股文章。

7时整，大出丧开始。队伍最前面，有一伪军官，骑黑马，高擎开道旗。后面是两个骑黑马的骑兵，背着枪口朝下的步枪，一人手执伪国旗，一人举着伪党旗。然后是军乐队，边走边奏哀乐。再后面是骑兵大队和步兵连。然后是手执花圈的伪官挽圈队。

陈璧君和子女们穿着黑色丧服，分别走在灵车前后。灵车由8匹白马牵引。灵车后还有卫士大队和被胁迫来的大学生10000多人，绵延足有2000米之长。

东郊梅花岭从山麓到山巅，扎满黑白布球，日本驻伪府大使谷正之、总司令冈村宁次等军官依次排成一圈。

10时30分，举行安葬典礼，还是由陈公博主祭。烦琐的仪式后，已是中午12时了，方才进行入墓式。

最后由陈璧君带领众人将泥土洒在棺木上。陈璧君每洒一铲，就说一声"魂兮归来"。"汪精卫之墓"的红字石碑，当即立在墓前。

至于那块“咏梅”诗碑，还未刻好，只得以后补之。待“咏梅”诗石碑刻好，已是1945年8月中旬，日本法西斯无条件投降了。汪精卫墓本来是仿中山陵设计的，造价为5000万元，但动手兴建不久，日本投降，工程不得不停了下来。

抗战胜利后，蒋介石要从重庆还都南京了。

1946年1月中旬的一个晚上，国民党陆军总司令何应钦，在南京黄埔路陆军总部召开了一次会议。何应钦脱去白手套，对在座的工兵部队、宪兵司令部负责人慢条斯理地说：“委员长不久就要还都回来了，但汪精卫的坟墓仍在梅花岭，居然和中山陵并列在一起，太不像话，如不去除，委员长必定大发脾气。所以请大家来，仔细研究除掉汪墓的妥善办法。此事要考虑周详，绝对保密。汪精卫毕竟是个国民党元老，一旦宣扬出去，说委员长容不得一个政敌的尸骨，那就不好了。”

何应钦说完，请大家研究决定，就先走了。

会议决定在十天以内办好这件事，由第七十四军工兵部队负责执行，宪兵实行戒严，严格保密。

第七十四军工兵指挥官马崇六决定：爆炸挖墓，并定于1月21日晚上执行。在这三天前，梅花岭周围实行戒严，并在报纸上公布陆军要试炮。爆炸由第七十四军五十一工兵营负责，用150千克TNT烈性炸药。

在一个月黑风高、夜寒逼人的晚上，梅花岭四面响起了陆军的“试炮”巨响。工兵在水泥墓上钻好炮眼，放好引信，轰然一声，炸开了这个石墓，露出棺材。

撬开棺盖，马崇六看到汪精卫的尸体并未腐烂，只是脸色青灰，已有黑斑点点。马崇六叫工兵实行“抄身”，但除陈璧君写的“魂兮归来”纸片外，没有其他随葬品。

马崇六“验明正身”后，下令用吊车将棺木吊到卡车上，向清凉山火葬场驶去。这里士兵们立即平整土地，填满墓穴，运走垃圾，将一座事先以积木式拼装好的翘角亭子，埋在墓地上，不到天亮，就已完工了。

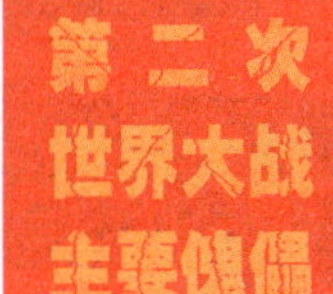

不知不觉，无声无息，汪精卫的坟墓就此消失，这里依旧是游览风景的地方。装着棺材的汽车，由马崇六押车开到火葬场。场内人员都已调开，全由工兵操作。

棺材被立即送入火化炉，但见一团火球，飞舞燃烧40分钟不到，全部烧光。一副价值连城的楠木棺材，也一起化为灰烬了。马崇六命令开动强烈的鼓风机，向炉膛吹去，顷刻间尘灰飞溅，汪精卫的骨灰就在茫茫夜空中四散不见了。

汪精卫生前所作的诗中，曾有“劫后残灰，战余弃骨”“留得心魂在，残躯付劫灰”句子，本是得意时随手写写的，想不到，到头来一语成谶，竟成事实！

30000
217

奴才媚相

第二次世界大战主要傀儡

陈公博

陈公博，早年参加中国共产党，是中共一大代表，尔后脱党与蒋介石合作。抗日战争爆发后，他又离开蒋介石与汪精卫一起投靠日本。在汪伪政府，陈公博历任“立法院院长”“军委会常委”“政治训练部部长”“上海市长兼上海市保安司令”“清乡”委员会委员长等职。抗战胜利后逃亡日本，后被引渡回国。1946年4月12日，陈公博以通谋敌国罪被判处死刑。

留学回国 受到汪精卫提携

1892年10月19日，陈公博生于广州北门的一个官宦之家。1917年，他从广州法政专门学校毕业后，又考入北京大学哲学系。

当时的北京大学正是蔡元培任校长时期，各方名师汇集，各种思想广泛传播。陈公博与同时代的人一样承受着新思潮的冲击和洗礼，吮吸着蜂拥传入中国的各种西方思想。

1920年夏，陈公博结束了在北大的求学生活，带着极不定型的新思想和急于施展才华的抱负返回广东，开始踏上政治舞台。

在陈公博返回家乡前后，广东已成为中国革命的中心：一方面，孙中山在第一次护法运动失败后，再次举起“护法”旗帜，从上海重返广州主政，革命蓬勃发展；另一方面，五四运动后的广州，各种新思潮广泛传播，各种新刊物如雨后春笋般涌现，掀起了一股宣传马克思主义和社会主义的热潮。在这种情况下，回到广州的陈公博开始接受和宣传社会主义学说。

1920年10月，他联络同学和一些进步知识分子创办了以宣传新文化、新思想为宗旨的《群报》，陈公博任总编辑。《群报》一经正式发刊，便以崭新的面貌大张旗鼓地宣传社会主义新思想、新文化，在广东思想界引起巨大震动，受到进步人士的普遍欢迎。

12月，陈独秀受聘广东教育委员会委员长之职，帮助广州方面建立共产党组织。

1921年3月，陈独秀与陈公博、谭平山、谭植棠等经过几次酝酿，组建了新的共产党广州支部，谭平山任书记，谭植棠管组织，陈公博负责宣传。

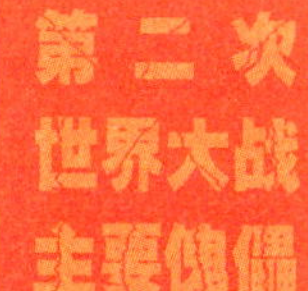

共产党广州支部成立后，陈公博继续任《群报》主编，在陈独秀的指导下，开辟了许多专栏，宣传马克思主义。《群报》成了广东地区传播马克思主义的一个重要阵地。

1921年7月23日，中国共产党第一次全国代表大会在上海举行。陈公博作为共产党广州支部的代表出席了会议。会议在讨论党在现阶段的目标和策略时，特别是在党员能否当议员或到政府里去做官等问题上，出现了分歧。

这本来是十分正常的事，但陈公博却视这种争论为两面派互相摩擦、互相倾轧而“心内冷然”，从而导致“不由得起了待机而退的心事”。

7月30日，会议受到法租界巡捕的骚扰，只好改在浙江嘉兴南湖游船上继续举行。陈公博没能出席在嘉兴南湖游船上举行的中国共产党一大的最后一次会议。

以参加中国共产党一大为转折点，陈公博对马克思主义的政治热情急骤下降，以至于在几个月的时间内，对共产主义学说的正确性产生怀疑和困惑，准备出国留学。

陈公博

正在陈公博“困惑”之际，1922年6月，陈炯明发动叛乱。陈公博破坏党纪，写文章支持陈炯明，理所当然地遭到党中央的批评，党中央要求陈公博去上海，回答党内的质疑。陈公博采取了与中国共产党分手的态度。从此，他脱离了中国共产党，到国外留学。

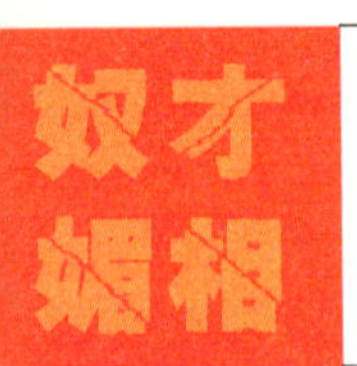

1925年4月，陈公博结束了在美国的留学生涯，回到广州，立即受到国民党当局的重视。国民党左派领袖廖仲恺约他面谈，极力劝说他从政。

最终，经廖仲恺介绍，陈公博在脱离中国共产党3年后，加入了中国国民党，再次登上政治舞台。由于汪精卫和廖仲恺的信任和支持，陈公博加入国民党不久，便担任了国民党中央党部书记。1925年7月，广州国民政府成立，陈公博任军事委员会政治训练部主任和广东省农工厅长，接着又出任中央农民部长兼广东大学校长。

汪精卫

1926年1月，在广州召开的国民党第二次全国代表大会上，陈公博当选为国民党中央执行委员，地位显著提高。短短几个月，陈公博从一个刚刚入党的新党员，跃进国民党核心领导层，这些都与汪精卫的提携密切相关。

1926年6月，北伐战争开始，陈公博成为蒋介石的重要随员随军北上。随着北伐战争形势的胜利发展，1926年10月，国民党中央决定国民政府迁都武汉，但蒋介石却出于维护个人独裁地位的考虑，提出要迁都南昌。

于是，国民党内部左、右两派围绕迁都问题展开了激烈的争斗。陈公博受蒋之托，奔走各方，出谋划策。基于当时蒋介石在政治上还处于劣势，他劝蒋介石迁都武汉，等过了危机然后再想办法。蒋

考虑再三，接受了陈公博的“韬晦”之计。

蒋介石一方面通电国民党中央，同意迁都武汉，另一方面改组国民党中央党部，由陈公博任代理组织部长，陈公博很快成为国民政府中的显赫要人。

1927年4月，汪精卫到达汉口，成为武汉国民政府的首脑。陈公博再次靠向汪精卫，成为汪精卫在政治上坚定的支持者。

1927年，蒋、汪重新勾结，驱逐了在广东的李济深。之后，粤、桂方军队在梧州一带相持，中国共产党人张太雷等乘广州防卫空虚，举行了著名的广州起义。

虽然起义被镇压，但“驱李”和广州起义这两件事情成为国民党内攻击汪精卫、陈公博的口实，指责汪精卫、陈公博为“准共产党”。蒋介石乘机东山再起，将汪精卫和陈公博赶下台。

1927年12月，陈公博被迫逃往香港。

不久，在政治上不甘寂寞的陈公博来到上海，利用社会上对国民党当局的不满，提出“重新改组国民党”的口号，准备在政治上东山再起。

1928年年初，陈公博发表文章，出版书籍，全面阐述他的资产阶级改良主义思想，在国民党内和社会青年知识分子中产生强烈反响。

1928年冬，陈公博等宣告成立“中国国民党改组同志会总部”。“改组派”组织成立后，陈公博多方活动，与蒋介石形成尖锐对抗，掀起了“护党救国运动”。汪精卫、陈公博联络各种势力反蒋，造成军阀大混战和各种政治势力相互倾轧。但经过几个回合的斗争，陈公博领导的“改组派”败下阵来，被迫解散。

“九一八”事变后，各政治派别又暂时团结起来，蒋介石、汪精卫开始了合作。陈公博就任国民党中央民众训练部长、行政院实业部长。

蒋、汪虽实现了合作，但两人的关系却极其微妙。汪精卫虽任行政院长，但陈公博认为，行政院是“花落空庭，草长深院”，军事、财政、外交等大权，行政院无权过问。

特别令陈公博气愤的是，卖国条约《塘沽协定》《何梅协定》的签订，蒋介石是主谋，而汪精卫由于主持签订条约成为众矢之的。陈公博本人就任实业部长几个月，却无法履行职务，只能“酒杯浇尽牢愁在”。

1936年2月，汪精卫辞去行政院长职务，出国就医疗养，陈公博也辞去了所有的职务，但仍留在南京，静观国内形势的变化。同年12月，“西安事变”发生，蒋介石被囚禁，陈公博又活跃起来，主张对西安进行军事讨伐，置蒋于死地，并且要迎汪精卫回国。

1937年1月，汪精卫从巴黎回到香港，陈公博等将他从香港迎回上海。但是令汪精卫、陈公博感到意外的是，“西安事变”已经和平解决，中国即将进入一个新的历史时期——抗日战争时期。

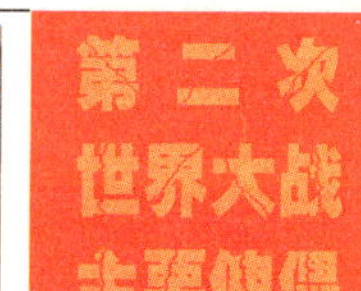

外敌入侵 滋生悲观失望情绪

1932年1月28日，日军进犯上海，陈公博还主张打，他认为，“这次上海战争，不是军事战争，而是政治战争。”其间，陈公博还为十九路军募捐了10000枚手榴弹。

但是，“一·二八”淞沪战役却以中日双方签订《淞沪停战协定》结束。

1933年2月，日军进犯热河，陈公博奉命北上犒军。陈公博刚到北平，得知各路军队均已败退，而且“不奉命令，擅自撤退”。前线溃败之惨状，让陈公博大为恐慌，他判断：“这次战争，实在说我们还没有充分的准备，军事既难解决，还是走外交的途径吧！”

这是陈公博第一次流露出对日本的恐惧和对抗战的失望，而“外交途径”，则成为之后陈公博抱定的解决宗旨。

1937年卢沟桥事变后，国民政府上诉国联，请求调解中日争端。最终日本接受德国或意大利出面“调停”。蒋介石表示了抗战的意向，但也企图将卢沟桥事变作为局部冲突，“以外交之方式，谋和平之解决”。10月下旬，德国开始调停。

11月5日，德国驻华大使陶德曼在南京会见了蒋介石，正式转交了日本的“议和条件”。

蒋介石于12月2日下午在南京召集高级将领会议，参加者有顾祝同、白崇禧、唐生智等。

白崇禧说：“如果只是这些条件，为什么非打仗不可呢？”

然而，随着日军攻占太原、上海、南京等大城市，日本政府与军方气焰更嚣张，胃口更大，国际调停毫无结果。

淞沪会战之后，在南京出现了一个“低调俱乐部”，其成员大多相信，“抗战下去，是要灭亡的”。

俱乐部的成员包括：顾祝同、熊式辉、高宗武、梅思平、罗君强、陶希圣、胡适等。

国民政府的求和姿态对这批人影响巨大，和谈的破裂和日本军事上的持

中国军队浴血奋战（雕塑）

续进逼却又使他们更加对前途绝望。

9月底，随着上海战事渐趋不利，亡国之忧笼罩在南京“急和派”的头顶。“急和派”们悲观的心理，可能成为其中某些人日后转为汉奸的前兆。

陈公博虽未参加低调俱乐部，但他的思想转变已和低调俱乐部渐行渐近。更为重要的是，低调俱乐部已逐渐奉汪精卫为精神领袖，有意推汪与日谈和，在领袖和主和这一点上，陈公博与低调俱乐部的“急和派”取得了高度一致。

历史学家唐德刚在《高陶事件始末》（高陶指后来脱离汪伪集团的高宗武、陶希圣）一书的序言中，对低调俱乐部成员和“急和派”如此评价：

这批人士只是一窝清一色的都市小资产阶级出身的知识分子，畏首畏尾的中年白面书生。算盘打得太清楚，在英语上叫做calculative，自觉众睡独醒，考虑周详，以一种单纯的共同语言，你唱我和，自以为是。

在日渐浓厚的失败阴影中，汪精卫、陈公博、周佛海和低调俱乐部的成员们逐渐丧失了政治判断力。

1938年，日本因战线过长，遂停止大规模军事进攻，转而进行政治诱降。高宗武、梅思平与日方在上海秘密签订《重光堂密约》，并递到汪精卫手中。

据陈公博回忆，1938年7月，汪精卫第

一次向陈公博试探与日和谈之事，而陈公博对此“大不谓然”。他分析说：“方今国家多难，不容再破；战要一致，和也要一致；日本绝无诚意”，“我固然反对汪先生言和，更反对汪先生离开重庆”。

11月底，汪精卫再召陈公博商议，并出示日本首相近卫拟定的原则，陈公博表示对大多数条款都不赞同。汪精卫辩称，之所以走这一步，是为沦陷区人民着想。

争执之下，陈璧君怒骂陈公博：“你反对，那你当蒋介石的官去！”

至此，陈公博已知无法改变汪精卫的决心，“苦闷达于极度”。而陈璧君等也摸清了陈公博心思，“大家一走，陈公博也不可能独留”。

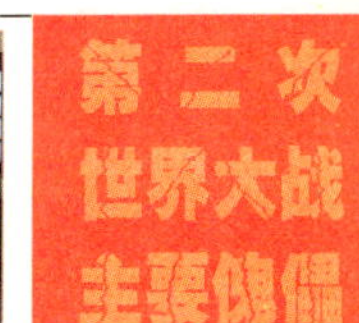

追随汪伪
走上卖国不归路

1937年7月7日，卢沟桥事变爆发，蒋介石南京政府最终下定决心，抗击日本侵略者，但同时也想寻求通过外交途径结束战争。

1937年12月，陈公博以专使身份访问欧洲各国，争取意大利对中日战争采取中立态度。正当陈公博在欧洲开展外交活动之时，日本向蒋介石提出了“议和条件”。

1938年1月，日本近卫首相发表“不以国民政府为对手”的声明，蒋介石对日本的条件心存顾虑，没有接受。但汪精卫、周佛海等“低调俱乐部”成员却秘密与日本政府进行谈判，签订卖国条约。

这一时期，陈公博虽对中日战争也抱极度悲观情绪，但还没有参与汪、周等人的投降活动。

1938年11月，汪精卫告诉陈公博他准备离开重庆，直接与日议和，陈公博大吃一惊，与汪精卫争论很久。不久，汪精卫再次告诉陈公博：“中国国力已不能再战，假使敌人再攻重庆，我们便要亡国。”

此时，汪精卫的代表已与日方代表在上海签署了一系列协议，汪精卫降日已成定局。

陈公博怀着极其矛盾和苦闷的心情在“走”与“不走”之间选择。考虑再三，汪精卫派小集团的私利在他头脑中占了上风。他不能忍受与汪精卫关系中断带来的痛苦和自己在蒋政府中处于受人歧视的难堪境地。他决定随汪精卫离开重庆。

汪精卫伪国民政府在1940年3月正式登场。汪精卫本欲委陈公博以“行政

院长”重任，但陈公博坚辞不就，而选择了“立法院长”这个位高而轻闲的职位。

陈公博向汪精卫提出：“南京极力向日本交涉，得到最优条件，通知重庆，务必全国一致，然后乃和；南京对于日本在中国作战应极力阻止，尤其万勿命令所辖军队参加作战，以免由外患而转变成内战的方式。”但在当时抗战形势高涨情况下，他所言的“补救措施”也只能是一厢情愿了。

3月30日，汪伪政权“还都”南京，他以伪立法院长身份发表广播讲话。陈公博宣称，他们“是要救回四分五裂的国家的，是要救回水深火热的人民的”，跟着他们，“不但可以建设新的近代的中华民国，中日也可以永久和平”。

汪伪政权成立后，汪精卫两次派陈公博为特使，率使团赴日答谢。陈公博发表文章鼓吹：“日本不是希望中国灭亡，而是希望中国复兴，全面和平必在不久的将来。”

5月，陈公博访问日本，希望日本对汪伪政府大力协助，调整汪日邦交。经过多次会谈，日本表示：对于汪伪政府的承认，大致放在日汪基本关系条约签字之时。同年11月，日汪基本关系条约正式签订，这个条约是一个地地道道的卖国条约。

陈公博参与和策划了汪伪政府的每一项重大决策，并担任了重要职务，成为汪伪政府的二号人物。

10月，伪上海特别市市长被刺杀，陈公博兼任伪上海特别市市长，同时还兼任各种高级职务，如“清乡”委员会副委员长等。

1944年3月，汪精卫因病赴日治疗。根据汪精卫的提议，在汪精卫治病期间，由陈公博代行伪国民政府主席之职，伪最高国防会议、伪中央政治委员会会议、伪军事委员会常务会议等，也都由陈公博主持。

1944年11月，汪精卫在日本一命呜呼。陈公博继承汪精卫身前之职，任伪国民政府代主席。

1945年1月，陈公博开始“重整党务”。因为汪伪国民党的各级党部已

形同虚设，很少有专人负责。8月，正当陈公博要召开会议之时，日本侵略者投降了。

抗战胜利，普天同庆，但陈公博之流的大小汉奸深感末日来临，慌作一团。8月10日，电台播出日本向盟国乞降，陈公博马上感到极度紧张和忧虑。他连续致电蒋介石称，表示可用南京政权直辖的36万伪军守卫宁沪杭三角地区、完整交重庆希望派人接收，却没有得到回音。

原来，国民党特务机关已对掌握上海实力的周佛海秘密加委，并联络了汪伪六个方面军头目，对这个空头“主席”毫无兴趣。

1945年8月16日，陈公博主持召开伪中央政治委员会最后一次紧急会议，在慌乱中通过了伪国民政府解散宣言。

见蒋介石嫌自己招牌太臭且无实力不予理睬，陈公博秘密飞往日本，试图在当地隐姓埋名。但不久，中国政府即发出对陈公博的通缉令，并在南京受降后即向日本提出引渡要求。

蒋介石

作为战败国的日本将其交出。陈被押回中国，交由军统看管。

1946年3月，陈公博等被押至江苏高等法院受审，尽管陈公博百般狡辩，但终究逃脱不了被送上断头台的命运。4月12日下午16时，江苏高等法院再次开庭，宣判：

陈公博通谋敌国，图谋反抗本国，处死刑。剥夺公权终身。全部财产，除酌留家属必需之生活费外，一律没收。

6月1日，国民政府核准了死刑判决；6月2日，陈公博与汪精卫之妻陈璧君、汪伪政府广东省省长褚民谊一同，由南京宁海路军统看守所被移送至苏州狮子口监狱。

6月3日一早，陈公博正在书写一副对联：“大海有真能容之量，明月以不常满为心。”

看守来通知陈公博提审时，门外已经站着一排法警。陈公博心中也许明白了怎么回事，对法警说：“劳驾再等几分钟。”说完拾笔写完了最后三个字。接着，陈公博取出毛料西裤，尖头皮鞋穿好，再罩上了一件蓝绸长褂。踌躇良久，他挑出了一把小茶壶，出门直向对面陈璧君囚房。

陈公博向陈璧君深鞠一躬，说：“夫人，请恕我先去了，今后请夫人保重。”说完，陈公博双手递上茶壶，“牢中别无长物，一把常用的茶壶，就留给夫人作个纪念吧！”

陈璧君用粤语大叫：“想不到你竟死在蒋介石手里，叫人死不甘心。”

江苏高检首席检察官韩焘问陈公博有何遗言。

陈公博要来纸笔，坐下开始写信，一封写给亲属，一封竟是写给蒋介石。信写得很长，给蒋的信只写到一半，时间已近中午，陈公博遂搁笔不写。

最后，陈公博要求：“我有茶杯一只，系汪先生所赠；旭日绶章一枚，系日本天皇所赠，要求随葬。”

陈公博向陈璧君道别后，又去和褚民谊道别，然后行抵刑场。

他刚走到场地中间，法警在后举枪便射，子弹穿脑而出，陈公博扑倒在地，血汩汩地流了一地。

在等待行刑期间，陈公博作长诗一首，最后两句为：“功罪与是非，何必待后史。”

历史学家唐德刚先生在《高陶事件始末》序中评论：

这群边缘政客，在抗战阵营之中，代表性实在太小了，一意孤行，误国误己，怎能不沦入汉奸之列呢？但是这杯致命的毒酒，正如陶公（陶希圣）所说，他只喝了半杯，便狠命地吐出了。陈公博、梅思平等，则呷而不吐，最后只有被押上法场，枪毙了事。其智可及也，其愚不可及也。岂不可叹？

217

奴才媚相

第二次世界大战主要傀儡

周佛海

周佛海，中国国民党政府要员。抗战期间，他叛蒋投日，成为汪伪政权的“股肱之臣”。在抗战胜利之时，他摇身一变，由臭名昭著的大汉奸变成了国民党的接收大员，后在舆论压力下被捕。1946年11月7日，国民党南京高等法院以“通谋敌国、图谋反抗本国”罪行，判处周佛海死刑。1947年3月，蒋介石发布特令，将周佛海“减为无期徒刑”。

抗战爆发
投入日本人怀抱

周佛海，1897年生于湖南沅陵县，曾参与组织旅日共产主义小组。1921年，回国参加中国共产党第一次全国代表大会。中央局书记陈独秀在广州未回上海前，一度代理书记职务。

中国共产党的一大后，周佛海仍回日本求学。之后，他实际上与中国共产党组织脱离了关系，不再从事党的任何工作。

1923年，他从日本京都帝国大学毕业回国。

不久，周佛海应邀来到广州，出任国民党中央宣传部秘书，同时兼任广东大学教授。

随着地位的变化，他与中国共产党的离心倾向日益加重，并散布对党的不满情绪。党的广州支部负责人对他进行了耐心批评和教育，帮助他认识错误。

但他毫无悔改之意，后来竟公开声明与共产党脱离关系。中共中央为纯洁党的组织，准其1924年脱党。

从此，周佛海走向了反共反人民的道路，成为国民党右派营垒中的干将和蒋介石的心腹，宣称自己要做一个“国民党忠实党员”，叫嚷“攻击共产党，是我的责任，是我的义务”。

蒋介石发动“四一二”反革命政变后，周佛海投靠蒋介石。先后担任国民党中央政治委员会委员、民众训练部部长、蒋介石侍从室副主任兼第五组组长、国民党宣传部副部长、代理部长等职，为蒋介石打内战、搞独裁出谋划策。他还曾参与筹建国民党特务组织复兴社，即蓝衣社。

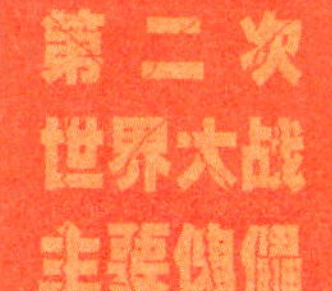

抗战全面爆发时，周佛海又成为国民党中央执行委员会调查统计局（简称为“中统”）十大头目之一，但这些似乎并未满足他的权力欲望。

正当全国兴起抗战高潮时，为了躲避日机轰炸，一批和周佛海臭味相投的国民党大员，就天天躲在周家的地下室内，常来的有高宗武、陶希圣、梅思平、朱绍良、顾祝同、熊式辉、胡适等人。

他们天天谈论的，不是如何抗日，而是大讲中日不可打仗。他们认为，中日作战的结果，必定两败俱伤，而获益的是共产党。他们仍然主张“攘外必先安内”，国民党如果抗战，既不能“攘外”，也无法“安内”，死路一条。他们还认为英美决不会援助中国等。

胡适竭力主张，和日本的外交关系不能断，此事应由外交部亚洲司司长、“日本通”高宗武去办。谈得多了，胡适笑着对周佛海说：“你这里成了‘低调俱乐部’了！”抗战

周佛海

中有名的“低调俱乐部”，即典出于此。

所谓“低调”，实际就是汉奸论调。周佛海所以不惜落水，除了以上论点外，他个人的因素也很大。

他儿子周幼海在回忆录里曾提及周佛海对他说过：“自从脱离共产党后，我很不得意。我当上了国民党政训处处长，当过江苏省教育厅厅长，当了国民党宣传部副部长，与国民党中统关系也深，但始终没有什么作为。因此，我决定和汪先生一道出来，从另一条道路来解决中国问题。”

这是周佛海不打自招。狼子野心，昭然若揭。

1938年国民党政府退到武汉后，周佛海才与汪精卫正式接触，结成投降联盟。他们秘密派高宗武到东京试探“和平”。后来又派梅思平到上海，和日本军部的代表谈判和签订密约，这就是有名的“重光堂会谈”。

1938年冬，周佛海和汪精卫一起逃离重庆，正式投入日本人的怀抱。汪精卫在河内，周佛海在香港，汉奸活动日益公开。1938年年底，汪精卫发表臭名昭著的“艳电”。周佛海不顾各方面的反对，竭力主张在汪系《南华日报》上立即刊登，从而成了一名铁杆大汉奸。

1939年5月，周佛海和汪精卫一伙到了上海，然后就公开到东京去谈判签订密约，筹建汪伪政府。汪精卫的第二把手陈公博，一直琵琶掩面，半推半就，实际大权就全落在周佛海手中。汪精卫集团的财政和人事，全由周佛海一把抓。“沪西路”的“76号”魔窟，名称是汪记“国民党中央特务委员会特工总部”，周佛海也是主任。总之，无论权力和金钱，周佛海都爬上了顶峰。

1940年3月，汪伪政府成立，周佛海是伪行政院副院长、伪财政部长、伪警政部长，再加上一个伪中央储备银行行长。周佛海有所“作为”了，他和汪精卫“解决中国问题”的果实到口了。

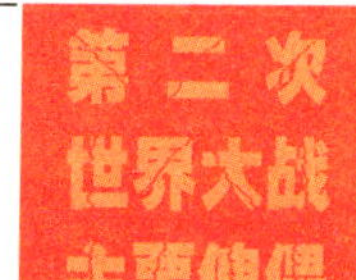

投敌叛国 过上腐败糜烂生活

汪精卫的伪政权成立时，伪政府中的各院、部、会的汉奸要员，都是在周佛海笔下提名产生的，伪政府实际上是周佛海炮制而成，周佛海对此十分得意。

他在日记中说：“国民政府还都，青天白日满地红旗重飘扬于石头城畔，完全系余一人所发起，以后运动亦以余为中心。”

周佛海甚至狂妄地说：“人生有此一段，亦不枉生一世也！”

在形式上，周佛海地位仅次于汪精卫和陈公博，但是由于周佛海直接掌握汪伪政权的外交、金融、财政、军事、物资和特务大权，并且直接掌握一支装备精良、训练严格的伪税警团，因而其在汪伪政权中是一个握有实权的人物。

尽管他权势两旺，富可敌国，但总是夜夜惊梦，惴惴不安。

他对自己的儿子说：

汉奸这顶大帽子是戴定了，如果一旦日本失败，吾家无噍类矣！但这与你无关，我已替你备好十万美金，你到美国去读书。我可以叫司徒雷登给你护照。他每年要从北平经上海到重庆去一次。他和蒋先生关系极好，正在做中间人谈判中日和平呢！至于我自己，只有醉生梦死，醇酒美人了。希望日本不要失败，才有活路。

周佛海（右二）在汪精卫就职典礼仪式上

周佛海怀揣这种心思，每天都过着“醉生梦死，醇酒美人”的生活。

在纸醉金迷的大上海十里洋场，金融界巨头、伪中央储备银行上海分行行长潘三省经常帮助周佛海寻访名媛供其淫乐，潘三省亦因此而被提升为上海市储备银行总裁。

不久，此事即被周的妻子杨淑慧得知。当她发现牵线的竟是潘三省，更是气上加气，把潘三省叫来一阵打骂，吓得潘三省抱头鼠窜。

周佛海还是上海会乐里长三堂子的常客。有张小报登过一段艳事：有个名妓叫“真素心”，死活要周佛海写副对联。周的字迹奇劣，但文才不错，立刻挥笔写就：“妹妹真如味之素，哥哥就是你的心。”

汉奸歪才，倒也不易，把“真素心”三个字都嵌进去了。但一个“大人物”的艳联挂在妓院里，当时传为笑谈。

约在1940年年初，“76号”臭名昭著的吴四宝在家里开堂会唱戏，目的是要巴结周佛海，将京剧坤角“小伶红”介绍给周。两人一见倾心，立成好事。

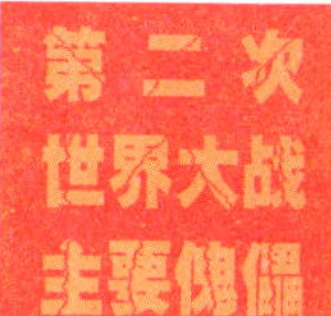

周佛海怕老婆杨淑慧的泼辣，就将她藏在亲信孙曜东的家中，常去幽会。事被杨淑慧探悉，大发雌威，叫许多人拎了马桶，到孙家大打出手。

孙曜东满身粪汁，“小伶红”脸色刷白，跪地求饶。周佛海只好答应分手。“小伶红”替周佛海养了个女儿，杨淑慧死不认账。

1944年，周佛海心脏病发作，到东京治病，又和护士金田幸子搭上，生了个女儿，叫白石和子。这一次杨淑慧无法河东狮吼，只有忍耐，因为是日本人，不像“小伶红”那么可欺，何况拉皮条的还是汪伪经济顾问冈田西次！

周佛海荒淫之余，仍时时不忘发财。虽然他的财产无资料披露，但他在日记中也道出了部分事实。

周佛海先后以耐劳、慎独、宁远、百忍等二十多个化名在上海数家银行存款近3000万元（约合当时黄金7500市两）。据周佛海自谦估算，存款“为数虽不多，今日之蓄积，比上不足，比下有余，亦应自足矣”。

穷途末路
重新寻找救命稻草

周佛海除腐化淫乱之外，就是和各方面的人物接触。刚当汉奸，他已经在为自己的退路打算了。当时在中国，只有三大政治势力：日本军方、国民党和共产党。重庆和延安，他要留取退路。是重庆，还是延安？他没有决定。来者不拒，手里多几张牌，总是好的。

周佛海的伪财政部警卫队长杨叔丹，就是周佛海埋下的伏笔。刚好，共产党为了民族大业，想让他立功赎罪，也已派人来找他了。

杨叔丹的姐姐杨宇久是周佛海岳母的干女儿，同他的老婆杨淑慧以前以姐妹相称，这次杨宇久奉刘少奇之命，到南京来做周佛海的工作。

杨叔丹透露给杨淑慧后，她说：“老姐妹到了！快来，快来。她是共产党，但我保证没人动她一根毫毛。”

周佛海也说：“肯定是刘少奇派她专门找我的。告诉她，绝对安全。”于是，杨宇久来了，在周家华丽的客厅内，和周佛海、杨淑慧进行了长谈。

周佛海首先开口：“宇久，你不必瞒我，是少奇派你来找我的。你今后来去自由，一切安全。不过，我是共产党的叛徒，谈得拢吗？”

杨宇久笑笑说：“共产党现在讲统战政策，只要姐夫能为人民做事，过去的事就不谈了吧！”

周佛海说：“宇久如此爽直，我十分欣慰。我的日子也不好过，日本人的饭不好吃呢！你就谈具体任务吧，只要我能办到的，无不照办。”

“姐夫，这次不是有具体的事来的。少奇同志叫我来听听你有什么打算，我方可以给你宽裕的回旋余地，使你在政治上有个光明的退路。”

既然没有触及任何具体问题，谈话就在半夜时结束了。杨宇久说，以后自有人会来安排一切。

杨宇久到了上海，向地下党作了汇报。周佛海眼开眼闭，也不加干涉，还安全礼送她回了苏北。但此事说来奇怪，以后即再无任何进展，也不知是什么缘故。

1944年，当日本将要失败、周佛海已投入军统戴笠的怀抱时，共产党还曾派高级人员冯少白，化名冯龙，冒险到上海找周佛海，希望他认清形势，在此历史转折关头，能够悔悟立功赎罪。

周佛海政治投机的秉性难改，各方来客，都要应付，就在湖南路豪华的私宅内会见了冯少白。

冯少白开门见山地说："日本败局已定。国民党腐败透顶，日子不长。中国的前途，周先生是清楚的。"

周佛海满脸堆笑："得人心者得天下，贵党前程无量。"

蒋介石

冯少白说：“你曾是我党‘一大’代表，和我党领导人是很熟的！”

周大笑说：“怎么不熟，毛泽东、周恩来、林伯渠都是老朋友。和恩来最熟，我们同是黄埔军校教官。”

谈到具体任务时，冯少白说：“日本失败时，周先生要立大功，我会叫人找你。”会见就此结束。

其实，周佛海早已和蒋介石、戴笠打得火热。对共产党，只是虚假敷衍。

当1945年8月15日日本投降时，冯少白曾写了亲笔信，由一个叫章克的人带来找周佛海。周佛海不见，只收下信。在从南京回上海的火车上，他看了信后，撕得粉碎，撒向窗外，抛尽了共产党对他最后的挽救。

周佛海为什么如此死心塌地跟蒋介石、戴笠走呢？

周佛海和蒋介石、戴笠的关系，原本是很深的。周佛海所以再投蒋、戴，是他政治投机的必然结果，原因自然很多。

自从周佛海随汪精卫投敌后，蒋介石即命令戴笠，将周在湖南的亲属全部逮捕软禁。周佛海的母亲、岳父、妹妹、妹夫等，都关进了军统特务设在贵州的息烽训练班集中营，但生活待遇是十分优裕的。周佛海是个孝子，对母亲的被捕，耿耿于怀，老早就转托戴笠照顾。

后来，周佛海母亲在息烽病死，戴笠曾代当孝子，开吊祭奠，目的自然是要拉拢利用周佛海。

周佛海在政治上正式重投蒋介石，是在1941年12月8日太平洋战争爆发以后。当时周佛海曾歇斯底里地惊呼：“日本完了！我也完了！”

他在国民党和共产党之间，选择了国民党。周佛海认为蒋的力量仍比共产党强，而自己又曾是蒋的心腹，尤其是母亲、岳父等都在蒋的手里。

1942年年初，周佛海即派戴笠驻在自己身边的军统特务程克祥，持给蒋介石的亲笔信，专程到重庆去面交戴笠转呈。信中表白了“身在曹营心在汉”的心情，愿意力保东南半壁，不落入共产党之手，以赎罪过。

蒋介石对周佛海的来归心领神会，当即亲笔写了回信：“周君有悔过思

改之意，甚佳。但望君暂留敌营，戴罪立功。至于君之前途，将予以可靠保证，请勿虑。”最后署名“知名不具”。

周佛海得了此信后好比吃了定心丸，就放手和戴笠合作，把共产党的挽救抛到九霄云外去了。首先，周佛海在小舅子杨惺华家中设置了电台，天天和戴笠通报，由程克祥和另一军统特务彭寿负责。日本人知道这件事，尤其是军事顾问川本芳太郎，周佛海已向他全盘托出。

日本人为何不干涉呢？原来，自从太平洋中途岛海战美国大胜后，日本步入下坡路，天天想直接和蒋介石谈和，结束中日战争。现在周佛海和蒋介石恢复关系，日本人求之不得。日本人幻想能架起直通重庆的桥梁。他们哪里知道这只是周佛海为自己打算的政治投机呢！

周佛海按照从前宋子文当财政部长时的办法，建立了装备精良、训练严格的税警团。

说是“团”，其实是一支有20000人的精锐部队，接近两个师。武器都是通过川本芳太郎取得的“三八”式枪械，而且还有小钢炮等重武器，这是其他伪军绝对没有的。

后来，周佛海和国民党第三战区进行物资交换，又得来许多连日军也没有的卡宾枪和冲锋枪。自从周佛海和蒋介石恢复联系后，戴笠就千方百计要控制这支部队，密令军统干将熊剑东到周佛海处当了税警团副团长兼参谋长。后来周佛海当伪上海市市长，熊剑东又是保安司令。

提起熊剑东此人，敌伪时在上海十分有名。毒杀“76号”魔头李士群的大案，就是周佛海、熊剑东按戴笠的密令干的。日本投降后，熊剑东是汉奸中唯一受到国民党军委会公开表扬的人。

兔死狗烹
软禁重庆白公馆

1945年8月15日，日本投降。

8月16日，周佛海在南京出席了陈公博召开的解散汪伪政府的会议。所有大汉奸，个个丧魂落魄，唯有周佛海，笃定泰山，满心欢喜。为什么？

周佛海后来在审判时的自白书内写道：“8月12日，程克祥、彭寿送来戴局长（戴笠）一个电报，内载‘委座派做上海行动总指挥，负责上海和沪杭沿线治安’，并指定归我指挥的部队，我便遵令就职。”

当时，周的伪职主要是上海市市长，他要急着回上海就任蒋介石委任的新职。但南京必须让它乱一下，得和陈公博有点小摩擦。汪精卫死后，陈是伪政府主席。他组织了八个方面军，如庞炳勋、张岚峰、孙良诚、吴化文等，都是冯玉祥的旧西北军，倒也有30万人马，盘踞在中原地带。

陈公博名义上“掌握”着大军，实际上全由戴笠密令周佛海以重金收买策反了，陈一兵一卒也调不动。现在日本投降，周佛海第一件要做的事，就是密令以上各部，不听陈公博的指挥，静候重庆蒋介石的委任。这样一来，陈公博就成光杆司令了。

周佛海在离开南京时，还要给陈公博重重一击。周佛海手下有个军统特务周镐，此时像土行孙一般从地下冒了出来，自称“京沪行动总队长”。

周镐在8月16日晚上，就动用周佛海财政部的警卫大队，占领了新街口闹市区的“中央储备银行总行”大楼。同时，逐一逮捕大汉奸。所有这些，周佛海都是知道并默认的。

周镐的行为，日军未加干涉。他指挥队伍，直扑西康路陈公博的住宅，说要逮捕汉奸主席，这也是周佛海点过头的。

不料，忠于陈公博的“中央军官学校”学生千余人，全副武装赶到，说要“保卫陈主席”，和周镐的部队终于形成枪战，西康路、珞珈路一带，子弹横飞，秩序大乱。日本派遣军司令部受“陈主席”的请求，派兵干涉了。

带队的小笠原少佐宣布：“在国军尚未到达之前，日军仍有治安的责任。”当即缴了双方的武器。周佛海财政部警卫队的枪被缴了，但这有什么关系，陈公博臭了，南京城乱了，周佛海的目的已经达到。

经此一闹，南京人心浮动，谣言四起。周佛海又指使自己控制的报纸，攻击陈公博“拥兵自卫，已成为蒋介石还都南京的障碍”，闹得陈公博忧心忡忡，坐立不安。

日军副参谋长今井武夫，是深知周佛海在这场戏中的所作所为的，就决定先让陈公博到日本躲一躲。陈公博再三考虑，自知斗不过周佛海，就带着情妇莫国康和其他大汉奸等，乘飞机到日本去了。后来，陈公博被引渡回来，1946年被枪毙。

从地下冒出来的，除周镐外，还有伪军司令任援道。他的头衔是“先遣军总司令”，也是戴笠封的。任本是八个方面军之一，早被周佛海的金弹打倒。此刻周佛海和任援道分工，任援道管京沪，周佛海管沪杭，成了“亲密战友”。

周佛海唱完这出对陈公博的逼宫戏，大获全胜。他心满意足，在8月18日回上海，摇身一变，去当他的“行动总指挥”了。

日本投降时，戴笠和杜月笙已在浙江淳安。时局变化如此之快，他们担心新四军会近水楼台先得月，开进上海。除急令周佛海、任援道力保京沪安全外，还叫杜月笙最得力的门生、CC健将陆京士，持戴笠的亲笔信星夜来沪找周佛海。

戴笠的信是这样写的：

佛海吾兄赐鉴：

敌已向同盟国提出答复，愿立即停战并解除武装。在此局势急转直下之时，京沪治安，甚关重要。弟已呈准，上海由兄联络各方，共同负责，而由兄主其事。请兄于此紧急艰巨之时期，对任务能秉承领袖之意志，鼎力以支持之也。

今后一切，当由弟负责。专此致颂大祉。

弟戴笠手上

周佛海接到信后，立即成立“上海行动总指挥部”，摇身一变，大汉奸成为从地下钻出来的抗战英雄了。上海的老百姓窃窃私议，都被搞得稀里糊涂。但这与周佛海何干，他从汉奸上海市市长变成“总指挥”“总司令”，他要在上海“行动”了。

“行动总指挥部”由周佛海的心腹罗君强、熊剑东任副司令，下设参谋处、调查处、政法处、军法处、宣传处等，机构庞大，五脏俱全。

周佛海身边两个军统小人物程克祥、彭寿，奉戴笠之命，担任正副秘书长。顶多过了10天，周佛海就发现，这两个小人物抓了全部大权。他们代表戴笠，把周佛海架空了。周佛海挂了个名义，成了空心大老倌。

但治安的责任却是要周佛海负的。周佛海得到两位秘书长同意后，杭州由周佛海的心腹、伪浙江省省长丁默邨负责。周

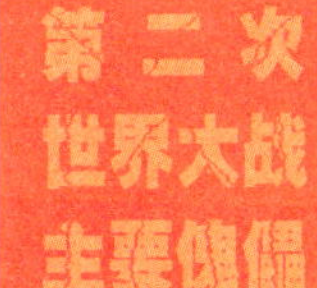

佛海近两万人的税警团，布置在上海四郊和沪杭沿线。

周佛海还把军事顾问川本芳太郎请来，和上海日军中支那派遣军第十三军（代号“登”部队）达成协议，日本陆军进驻浦东沿海及郊县一带，和税警团一起，严防新四军入城。

当时中国共产党确曾一度要接管上海，后经毛主席再三斟酌后放弃。

“登”部队张贴布告说：“奉上司命令，执行治安任务。如有妨碍日本

重庆白公馆旧址

行动者，将认为系不服从蒋委员长命令，予以最严厉处置。"

程克祥、彭寿也不请示周佛海，就四处贴出布告，严禁造谣生事，武装挑衅，保护日侨，违者重罚。布告的具名却是"总指挥"周佛海。周佛海好比哑巴吃黄连，有苦说不出。

局面初定以后，程克祥、彭寿就开始捉汉奸了。醉翁之意，全在"房子、车子、条子、女子、票子"，是为"五子登科"。戴笠将来上海，就用不到周佛海这个"总指挥"了。狡兔死、走狗烹，自古亦然。周佛海自知没趣，忧虑重重。

程克祥对周佛海说："总指挥就到储备银行办公，准备移交吧！这里有我们，您尽可放心。"

周佛海很识相，担着个"总指挥"的名义，却天天到银行去上班。堂堂一个"储备银行"，一点金银不留，不好交账。于是，周佛海绞尽脑汁，总算留下点财宝，面子上得以过关。

根据后来周佛海在供词中说，向重庆"中央银行"来客移交了黄金50万两，美金550万元，白银760万两，银元33万元。

作为汪伪的"国家银行"，只有这些"储备"，无非自欺欺人，蒙混过关而已。

不久，杜月笙回来了，全副美式武装的"第三方面军"空运到了，戴笠也在9月来上海了，还要周佛海何用呢？周佛海的"行动总指挥部"宣布结束。他就索性待在家里等候命运给他安排的苦酒。

戴笠天天在湖南路周佛海家吃晚饭，和周佛海谈至深夜，那热乎劲儿胜过亲兄弟。

平心而论，他对周佛海，内心是矛盾的：既要保周佛海政治上渡过难关，找一个好向世人交代的万全之策，又要对周佛海在敌伪时搜刮的财产觊觎巧取，占为己有。

每天晚饭后的谈话，几乎都涉及周佛海和其同伙丁默邨、罗君强等的前途问题。戴笠总是哈哈大笑说："有我在，你们就有前途。这是个政治问

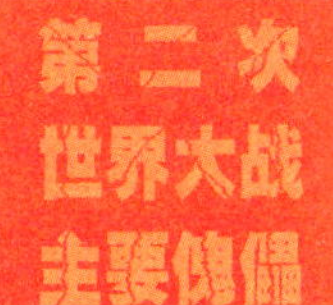

题，不是法律问题。政治上来个声明就可以了，何况你们又为党国做了不少事。放心吧，绝不会判刑。”

有一次，周佛海提到蒋介石给的亲笔信。

戴笠说：“委座知道的，常提起你，说东南一带，多亏佛海，才未落入共产党之手。但你切不可对外人多讲，委座知道就不好办了。”

戴笠说得情真意切，周佛海深信不疑。

此时，军统特务大捉汉奸，搜刮钱财，这是“劫收”的重要内容之一。捉来的人先关在吴四宝的住宅，后来移押“楚园”。

此时的汉奸们，真是人人自危，草木皆兵，惶惶不可终日。戴笠口蜜腹剑，面带笑容对周佛海说：“老兄目标太大，这一阵儿就请不必外出，在府中韬光养晦，专候委座的佳音就是了。”

周佛海是个宦海浮沉老手，已经感到大事不妙。

9月下旬的一天，戴笠兴冲冲踏进周公馆，高声嚷嚷：“佛海兄，好事，好事呀！”

正在“韬光养晦”的周佛海听到戴的叫声，急忙下楼，将戴笠请进书房，愕然地问：“雨农兄，什么好事呀？”

戴笠背靠沙发，仰面大笑：“老兄等到了！委座来电，要召见你，天大的好事吧！”

周佛海满心狐疑：蒋介石正要在重庆和毛泽东谈判，这种时候，怎么会召见他呢？

但周佛海深知戴笠的性格，戴笠决定的事，不会更改。周佛海知道此去凶多吉少，大为不妙，但他还是问了一句：“什么时候走？去多少天？”

“9月底动身，至于去多久，那要等见过委座再看了。”戴笠仍是满面春风，但心里明白：周佛海犯疑了，赶快动手，搬走了周佛海，还要调走杨淑慧和周幼海，这出戏不大好唱呢！

第二天，大汉奸丁默邨、罗君强也吵着要去，说想见见委座。

戴笠心中好笑：“你们去干什么呢？我又不想挖你们的金山！”但反正

都是笼中的鸡、网里的鱼，就不假思索地说："那好，一起去吧！"

1945年9月30日一早，周佛海和丁默邨、罗君强、内弟杨惺华等，由戴笠亲自陪同，乘专机到重庆去了。

周佛海等到重庆后，即被送到杨家山戴笠的私宅。杨家山、磁器口一带，是军统和"中美合作所"的集中营所在地，有名的白公馆、渣滓洞，都在这里，江姐就牺牲于此。

周佛海当然不进监狱，生活招待是一流的。

戴笠说："休息几天，静候委座召见。"

不一会，总务科长夏祯祥跑来，毕恭毕敬地说："周先生，要什么尽管吩咐，但请勿外出，不要和熟人通电话。"

周佛海脑子"嗡"地一响，自言自语说："软禁了！"

当晚，周佛海就心脏病复发，送进了美国人办的"四一医院"，病房两大间，设备华丽至极。

戴笠来了，对周佛海说："这是最好的医院，安心养病。"戴笠坐一会儿就走了。

戴笠从医院出来，心中暗喜，已生出一条妙计，可以把杨淑慧和周幼海骗来重庆了。

第二天，戴笠就飞往上海。

晚上，湖南路周公馆内灯光通明，客厅中坐着戴笠、杨淑慧和周幼海。戴笠开门见山地说："佛海一到重庆，旧病复发，现在住入第一流的医院了。我特此专程来上海，告诉嫂夫人和周公子。"

戴笠满面春风，杨淑慧一脸愁云，周幼海漠不关心。

戴笠又笑着说："佛海的病，不知何时可愈。他很想念你们，要请嫂夫人去探望他。我想，嫂夫人去一趟也好。医院里虽有护士，总不及亲人照料得周到。淑慧嫂，你看可好？"

杨淑慧心乱如麻，待在那里，未作回答，心中暗忖着丈夫的病，也怀疑戴笠在捣什么鬼。

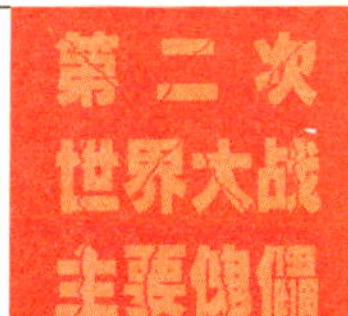

客厅里沉默了几分钟，戴笠笑了：“淑慧嫂，你怎么啦？去不去呀？”

“去，去，佛海有病怎么能不去！”杨淑慧知道，戴笠决定的事是无法抗拒的。接着，她又回一句，“戴局长，何时走呢？”

“我很忙，说走就走，就乘我的专机。”戴笠要把这个厉害的女人打发得越快越好。

杨淑慧听后，一言不发。轮到周幼海了。戴笠转过头来，对周幼海说：“幼海，你不和妈妈一起去看看父亲吗？他一直想念着你。”

周幼海一听，立即顶了回去：“母亲去了，我可不去！”

“你不是一直想到大后方去吗？现在去看看，岂不正好？”戴笠脸上的笑容已减了一半。

“我不去！要去也以后再说。”周幼海显然不知天高地厚。

戴笠的脸立即沉了下来：“你要知道，我要人干什么事，没有人敢违抗我的意志。”

“我不是你的部下，不必执行你的命令。”周幼海又顶了一句。

“好好，你不去，现在就跟我走！”戴笠要动真格了。

这时，客厅里的气氛十分紧张，杨淑慧哭了：“幼海，去吧！”

周幼海知道闯祸了，就说：“去就去，但行动要有自由。”

戴笠又笑了，换了个话题：“你的名字要改一改，不要让人知道你是周佛海的儿子。”

周幼海已怒目相对。杨淑慧害怕极了，马上说：“改一改也好，幼海，你就叫周祖逵吧！”周幼海感到莫名其妙。

第二天一早，汽车来了，将杨淑慧和周幼海接到机场。戴笠等在那里，朝周幼海笑笑说：“我就喜欢听话的孩子，这样不是很好嘛！”

飞机向重庆飞去，戴笠的心却留在上海。他要马上回来，向周家的财富开刀。

飞机到了白市驿机场，杨家山的总务科长夏祯祥已在恭候。戴笠关照，将周幼海母子送到“四一医院”，好好招待，自己就进城去了。从此，戴笠

再未去看过周佛海，虽周佛海一再写信，戴笠也不理。

当杨淑慧和周幼海走进豪华的医院病房时，周佛海一见就目瞪口呆，沉默半晌后说：“你们怎么来了？谁叫你们来的？”

周幼海抢先说：“戴笠叫妈妈来照顾你的，莫名其妙，把我也逼来了！”

周佛海一听，心中打鼓，不安地朝妻子说：“雨农不安好心，要把我们一网打尽！”

杨淑慧定了定神说：“戴笠在上海逼幼海走，我已猜着七八分。没有别的，要我们的钱。不怕他，我早有准备。房子搬不动，但珠宝黄货，早已进了美国银行保险箱。蒋老头子那封亲笔信，我已锁入香港汇丰银行保险库。佛海，你别怕，他戴笠是天王老子，也无办法。”

杨淑慧的泼辣厉害，于此可见一斑！

周佛海病好以后，被送回白公馆，和丁默邨、罗君强住在二楼，招待优裕，设备一流，就是独缺自由。周幼海住在楼下，允许他和父亲见面，但不得外出，不得打电话，也被软禁了。

周幼海在回忆白公馆的软禁生活时写道：“生活是很优裕的。可以下棋、打牌、唱戏，可以看重庆出版的所有报纸，包括《新华日报》。每天吃的是八菜一汤，大鱼大肉。过阴历年时，还有整桌酒席。”

一个月后，戴笠放杨淑慧回上海了，周幼海则不放。

杨淑慧临走时对周佛海说：“这可见戴笠闹腾了几十天，除房子、车子外，一无所获，所以要我回去，想榨我的油。放心，我来个以软克硬，一毛不拔！”

周幼海常到楼上和父亲聊天。他虽厌恶周佛海，但在全封闭的白公馆内，还有谁好谈呢？除了特务，还是特务。

一次，谈到周幼海的前途，周佛海说：“你还是去美国读书好。”

周幼海经过此番劫难，又成熟了许多，说：“你们管住我二十多年了，现在不要再管，我要走自己的路了。”

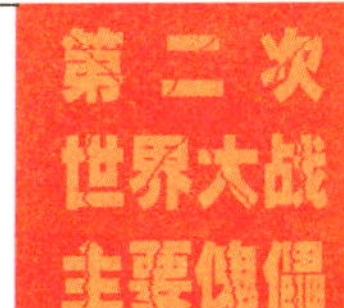

什么路？周幼海不说。他看清了国民党的真面目，心中已仰慕共产党。

1946年3月17日，戴笠在南京附近的一处叫“困雨谷”的山峰上坠机身亡。戴笠字雨农，死在困雨谷，可算天亡斯人。消息传来，杨家山的大小特务，乱作一团，像煮开了一锅粥。

最着急的，要算周佛海这些大汉奸了。周佛海十分了解戴笠，金钱上要捞进，政治上会保证。现在保护神一死，指望落空。周佛海对同室的大汉奸们惊呼：“雨农死了，我也完了！”

后来，周佛海在他的《狱中日记》中写道：

三月中旬忽阅报，谓其坠机身死，为之忧虑不置。盖余之身家性命，渠曾立誓保护。今如此，则前途殊可忧也。

周佛海当时“忧”得没错。等着他的是人民的声讨和法律的审判。至于丁默邨等，就更不必说了。

白公馆内秘密传言，戴笠是被蒋介石除掉的，因戴笠的权力太大，已成蒋介石的障碍。

周幼海有一天问父亲：“蒋介石真能杀害戴笠吗？如此忠实的鹰犬，也要处死？”

周佛海长叹一声说：“按照蒋的个性，完全有这种可能。还是那句老话：飞鸟尽，良弓藏；狡兔死，走狗烹。雨农的死，将成千古一谜。蒋是惯于作谜的。”

无论怎么说，戴笠的死，对周佛海和周幼海都是人生的转折点，父子恩仇，各有千秋，不久就要显露出来了。

戴笠死后不久，毛人凤按蒋介石的任命，坐了军统第一把交椅。

周佛海等倒很有自知之明，发表了一个声明，想要作为政治问题解决，显然不可能了。赖在白公馆，靠山已倒，也非长久之计。倒不如法律审判来得爽快，伸头一刀，缩头也是一刀，照目前这样拖着，总不是办法。更何况

《惩治汉奸条例》已经公布，这一关已是难逃。所以，周佛海写了一封信，要求法律结案。

毛人凤到白公馆来时，周佛海当面交上这封信。但毛人凤就是不接，还像真的一般说："你的问题，要等委座召见后才能决定，放心吧，没有事的。"

周佛海被弄得稀里糊涂，不可不信，不可全信，只能等着再说。

但对周幼海的软禁，周佛海一直有很大意见，现戴笠已死，不可不提，就严肃地对毛人凤说："毛先生，我儿子周幼海，在白公馆已经七个月了，有这个必要吗？请即放他出去"。

毛人凤是一口答应了，但提出了条件：一是出去后不能去看周佛海的老朋友；二是不能回上海，只能去成都，而且，要有人担保。周佛海请在侍从室时的老朋友、军统高级干事胡静安做保，胡静安同意了。

军统同意释放的当晚，周幼海和父亲进行了一次长谈。周幼海坦率地承认自己倾向共产党，想走这条路。周佛海也懊悔日本投降时拒绝了中国共产党的帮助。

最后，他对儿子说："你自己去闯荡吧！"

第二天一早，东方还未发白，周幼海获释了，被军统特务用小车送到重庆郊区一座客栈暂住，勒令他立即去成都。周幼海在特务监视下，只好走了，说是去华西坝大学读书，其实是去找同学肖孟能，另觅出路。

软禁七个月后的周幼海，终于自由了。

周幼海一到成都，就找到肖孟能，要他设法买回上海的机票或船票。肖孟能是国民党中央委员肖同兹的儿子，会有办法。

周幼海在成都住了二十多天，突然神不知鬼不觉地回到重庆，去了曾家岩中国共产党办事处。

在办事处，他要找董必武或周恩来，因周佛海和他们过去极熟。秘书出来接见，两人进行了一番对答。

秘书对周幼海说："你是周佛海的儿子吧！什么事？请说。"

“我想见董必武伯伯或周恩来伯伯，我要到延安去。我被戴笠关了七个月，刚刚放出来呢！”

“噢，你要到延安去，不简单。但不行啊，周先生，什么组织介绍也没有，怎么接受呢？”

“我见董伯伯、周伯伯说去。”

“他们忙极了，不会有空。这样吧，我负责转告，一有消息，就通知你。”

闯曾家岩的一幕，就此结束。周幼海初次出马，没有成功，他明白了，先要找到党组织才行。

周幼海回到上海。湖南路周家早被军统特务占了，杨淑慧暂时住在盛宣怀的儿子盛老三家。母子见面，相互叹息，痛骂特务不止。

幼海在同学的帮助下，不久就投奔了共产党。

接受审判 铁窗之内了余生

周佛海在白公馆一再要求司法审判，政治解决的幻梦彻底破灭了。

1946年7月中旬，毛人凤跑来说：“好吧，收拾一下，到南京去司法解决。”

周佛海很高兴，自以为替蒋介石、戴笠做过不少事，法律上至少也可将功抵过。但不知为何，又拖了很久，直至9月16日，军统才将周佛海、丁默邨等用飞机送到南京。

周佛海等先被关在南京宁海路军统看守所，生活上依旧优待，饭菜都是酒楼送来的。

9月23日，周被移押到老虎桥法院看守所。这是一座小洋房，内有花园，放风时还可散步。周佛海被关在“忠”字监，和丁默邨、罗君强同住。但伙食已是犯人的规格了，周佛海终于正式过监狱生活。

周佛海在重庆时，就写好了很长的自白书，内容全是表功，说明自己做了许多有利于抗战的事，功比天高，足可抵过。

9月21日，南京高等法院检察官已到军统看守所提审过一次，周佛海即交了自白书，一口咬定自己在1942年早已向军统自首，有戴笠的信件可以作证。

移押法院看守所后，9月24日、25日、26日接连提审。审讯员告诉周佛海：“罪行严重，抛弃幻想。”

这样一来，周佛海和丁默邨等就有些惴惴不安。大汉奸缪斌也替蒋介石做过不少事，但在5月间第一个被枪毙了！接着，陈公博、褚民谊等接连被处

决，他们对蒋介石也是多少有功的。

丁默邨虽是特工魔头，但胆小如鼠，天天向周佛海唠叨：“老头子恐要一锅端，死定了！”周佛海也坐立不安，但自忖还有蒋的亲笔信这张王牌。

但大汉奸缪斌也是有的呀，他为什么会被枪毙？周佛海茫然了，无以自答。

国民党司法界的内幕十分复杂。负责周佛海案件的高等法院推事金世鼎和检察官陈绳祖，几经密商，计划要判周佛海死刑。

当然，这是得到最高当局暗示的。蒋介石侍从室传来口谕，要严厉肃奸，不管任何人，不得从宽。而社会上也盛传，周家有钱，已重贿法官，可免一死。主办案件的金世鼎和陈绳祖，钱哪有不要，只是周家的钱太烫手，拿不得，何况周家也未开后门来“献宝”。所以，周佛海自以为“功高盖天”，但还未审判，就已被定了个死罪！

杨淑慧使出她浑身解数，忙得不可开交。她确信丈夫立过大功，又一

白公馆监狱遗址

直是蒋介石的亲信，可以免罪。现在最要紧的是金钱铺路，打好官司。为了取得大量有利于周佛海的证明材料，杨淑慧不惜重金，到处送礼。在所有的大汉奸中，证明材料最多的，要数周佛海了，包括杜月笙写的证明不下30多份。杨淑慧什么都想到了，就是没有想到塞法院的洞。在大量闪闪发光的黄金前，法官也许会怦然心动的，但杨淑慧失策了。

杨淑慧花重金聘请章士钊、王善祥、杨家麟三位著名律师，负责辩护。但杨淑慧纵有通天本领，过不了蒋介石这一关也不行。

1946年10月21日，国民党南京高等法院在朝天宫宽敞的大成殿内，布置法庭，公审周佛海。

一早，朝天宫内外就密布宪兵法警，三步一岗，五步一哨，气氛紧张。尽管如此，旁听者还是来如潮涌，不到9时，已经挤得水泄不通，连两边窗槛及围廊里也全是人了。

上午9时30分，公审开始。由院长赵琛任审判长，推事葛之覃、金世鼎，检察官陈绳祖，都是司法界的名流，加上响当当的三位辩护律师，像唱戏一样，名角如云。

律师提供的有利于周佛海的证明是大量的，有军统的，陆军总司令何应钦的，第三战区司令顾祝同的，“党皇帝”吴开先的，上海市党部的……

但军统毛人凤大概因为没有拿到杨淑慧的大金条而昏了头，在证明周佛海有功后，又有一封公函，说“完全是对汉奸在策略上的利用”，前后矛盾。

审判开始。官样文章般问过一通后，就进行辩论。法官、检察官、律师和被告唇枪舌剑，车轮大战，拖了近五个半钟头。

辩论集中在“通谋敌国”上，检察官一口咬定，被告出卖国家，所谓立功，不足抵罪。周佛海说了大段表功的辩词，滔滔不绝，竟达一小时之久。

周佛海在后来的《狱中日记》内写道：

检察官控告通谋敌国，图谋反抗本国。余谓，上半段为通谋敌国，图谋挽救本国，因历述动摇日军士气，淆混日本国民各谋略以及妨碍日军各种行动等。后半段应为通谋本国，图谋反抗敌国，因详述与中央联络后如何营救抗战工作人员，如何刺探敌军军情等。

甚至，连戴笠密令毒杀“76号”魔头李士群一事也搬出来了。周佛海在庭上说：“戴局长有电，处死李士群。后和华中宪兵司令部科长冈村商量，予以毒毙。”

周佛海说得额头冒汗，手舞足蹈。

辩论快终结时，已经夕阳西下。哪知冷火里爆出颗热栗子，检察官陈绳祖站起身来，举手摇着几张纸，声震屋宇般喊道：“这里有蒋委员长侍从室和军统局的公文，对周犯所称功劳及胜利时委派为上海行动总队司令一事，完全是一时利用！”

轻飘飘的两张信纸，也不知是真是假，就将周佛海的表功全部否定了。旁听的人群一阵骚动，审判长不断摇铃，提醒肃静。周佛海也有点心慌，但马上镇静下来，心中暗忖：我还有老蒋亲笔信这张王牌呢！

审判长宣布辩论结束，定期宣判后，这场闹剧暂时落下帷幕。

周佛海虽经检察官重重一击，但仍精神亢奋，陶醉于自己的表演。回监房后竟然忘形地写了一首歪诗：“六年险苦事非常，欲挽狂澜愿幸偿。举国纷纷论杀宥，万人空巷看周郎。”

11月7日，晴天霹雳，高等法院以“特定第三四六号特种刑事判决书”，判处周佛海死刑。杨淑慧一听，三魂出窍，六魄飘荡，顿时目瞪口呆，周佛海真的要等枪毙了吗？

杨淑慧当然立即上诉，但1947年1月20日被最高法院驳回，死刑原判。按照国民党的法律，还有最后一条路，就是家属向司法行政部提出抗告，但仍被驳回。

满城爆竹，声声响在杨淑慧心头，因为抗告驳回24小时之内，丈夫随时

可以枪毙。

杨淑慧大冷天浑身汗淋，顾不上忌讳礼节，当夜就闯进了蒋介石侍从室机要秘书陈方的家。陈方是丈夫的老朋友，又能随时见到蒋，不会坐视不救。

陈方见她头发蓬乱，脸色刷白，知道定有急事，马上进入客厅说："周太太，定定神，慢慢地说。"

杨淑慧也不哭，一副豁出去的样子："抗告驳回，佛海随时可以枪毙。如果蒋先生一定要杀他，就杀吧！我马上到香港，将蒋先生的亲笔信向海内外公布。这是个政治道德问题，看今后还有谁肯替蒋先生卖命！"

陈方一听，也着了慌，连忙说："蒋先生早已说过，没有他点头，任何人不得处决佛海。法院如要执行，肯定先要有文到侍从室，我一定压下。我以生命担保，佛海不会死。明天年初一，我向蒋先生拜年，一定提醒他处理佛海的事。周太太放心吧！"

陈方言尽于此，杨淑慧只得半信半疑地走了。天寒地冻，朔风凛冽，她听着远近爆竹，万箭穿心。

年初五一过，毛人凤突然找到杨淑慧，说蒋介石召见她。她到了官邸，陈方领她进去，只见蒋介石早端坐在客厅里了。她一见蒋介石，眼泪就簌簌地流了下来。她赶忙跪倒在地，什么话也说不出来，只有阵阵抽泣悲咽的声音在四周荡漾，气氛悲切。

杨淑慧以无言代替千言万语，事至如今，说话是多余的。

蒋介石皱着眉头，打破沉默说："这几年来的东南沦陷区，还亏了佛海，一切我都明白。起来，安心回去吧，我会想办法的。让他在里面休息一两年，我一定放他出来。"

杨淑慧终于吃了定心丸，轻轻地又磕了几个头，就站起来走了。从头到尾，一言未发。

杨淑慧以忐忑不安的心情等着，时间是一秒一秒挨过去的。周佛海既没有被枪毙，蒋介石也未见动静，这葫芦里到底卖的是什么药呢？杨淑慧身心

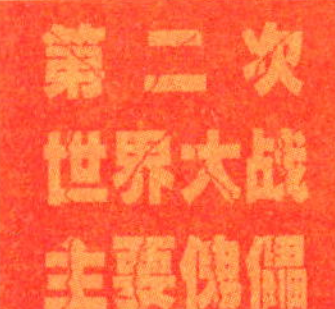

煎熬，度日如年。

直至1947年3月26日，蒋介石才以国民政府主席的身份，发布特赦令。

特赦令说：“周佛海在敌寇投降前后，维持京沪杭一带秩序，使人民不致遭受涂炭，对社会之安全，究属不无贡献。兹依约法第六十八条之规定，准将周犯原判之死刑，减为无期徒刑。此令。”

命令一出，压在杨淑慧心上沉甸甸的石头落地，丈夫性命到底保全了，“让他在里面休息一两年”，就可以出来重整旗鼓了。这是国民党对汉奸发布的唯一的特赦令，来之不易，周佛海终于死里逃生。

周佛海逃脱一死，喜出望外，但庆幸之余，掂量一下“终身监禁”的分量，想起将要在监狱里打发未了的岁月，看看四周的破壁，阴森森的铁栅栏，还有苦于下咽的饭菜，再忆起位于上海西流湾8号的自己公馆里的风景和养尊处优的生活，一种说不尽的凄凉、哀怨、忧伤、绝望顿时涌上心头。

1948年2月28日，在一阵哀号之后，周佛海口鼻流血，毙命于老虎桥监狱。

217

奴才媚相

第二次世界大战主要傀儡

陈璧君

陈璧君，原籍广东新会，出生于马来西亚，早年曾加入同盟会。1912年年初，在上海与汪精卫结婚。抗战爆发后，她极力劝说汪精卫脱离蒋介石，与日本人合作。1940年3月，汪精卫伪政府在南京成立，陈璧君任“中央监察委员”，后又兼任“广东政治指导员”。抗战胜利后，被押往南京，1959年6月17日，陈璧君死于上海提篮桥监狱医院。

一见钟情
誓死追随梦中情人

陈璧君1891年生于马来西亚槟城一个华侨富商家庭。她15岁时在当地华侨小学毕业，随后进入当地的璧如女校读书。

陈璧君聪明好学，学习成绩一直都很好，而且从小对政治十分关心，还在华侨小学读书时，就喜欢阅读进步书刊，受到了民主革命思想的熏陶。

陈璧君进入璧如女校的这一年，孙中山由日本来到马来西亚槟城，建立了同盟会分会。陈璧君积极参加同盟会的活动，表现出很高的爱国热情。

同盟会分会在马来西亚刚刚成立，非常需要吸收新的成员，几个老会员见陈璧君热情高，活动能力也很强，便将她发展为会员。于是，陈璧君成为同盟会中最年轻的会员。

同盟会所有活动都是秘密的，陈璧君不敢将她加入同盟会的事告诉父母。后来，她母亲见她成天与一些成年人在一起忙忙碌碌，学习成绩也下降了，便产生了疑心。经再三询问，陈璧君便将她参加同盟会的事情告诉了母亲。

陈璧君的母亲卫月朗是广东番禺人，早年与陈璧君的父亲一起到南洋谋生，是一个性格开朗、知书达理、深明大义的女性。卫月朗没有过多地责备女儿，她认为女儿参加一些社会活动，对成长是有好处的。女儿愿意加入同盟会，就放心让她去做吧！

陈璧君的父亲陈耕基是当地有名的富商，他对几个孩子的教育非常重视，除送他们进当地最好的学校读书外，还从国内请了一位国文老师教授中文。当他知道陈璧君加入同盟会的事后，十分生气，坚决反对。

他说："一个女孩子，不好好读书，成天和一些男人们在外边东奔西跑，像什么话！"

为此，卫月朗与丈夫发生了争执。她说："我们对同盟会的情况一点也不了解，怎么能随便责怪女儿呢！孙中山先生就在槟城，我们可以当面问问孙先生，听听他的意见再作决断也不迟呀。"

于是，卫月朗带着陈璧君来见孙中山。

孙中山热情接待了陈璧君母女俩。他向卫月朗介绍了同盟会在日本和东南亚一带开展活动的情况，向她讲了一些革命的道理。

他说："夫人，为什么我们泱泱中国，屡屡遭受外国列强欺负；为什么我们中华民族如此灾难深重，那么多人背井离乡来南洋谋生？就是因为清朝政府黑暗、腐败、愚昧，贪官污吏上下勾结，欺压百姓，鱼肉人民。如果再不起来造反，我们的国家就会灭亡，我们的民族就会遭灭顶之灾。眼下，我们要发动大众，团结起来，推翻清朝，建立共和，实现民族、民权、民生三大主义。只有这样，老百姓才能过上好日子，我们的国家才会强大。祖国强大了，民族兴旺了，我们这些在海外的华侨，才能挺直腰板，扬眉吐气呀！"

陈璧君

一番话说得卫月朗连连点头。

没过多久，卫月朗不顾丈夫的反对，也加入了同盟会。母女两人一同加入同盟会，这在当时

极为少见，一时被传为佳话。

1910年元旦，北京琉璃厂马神庙胡同内，“守真照相馆”在一阵“噼噼啪啪”的爆竹声中开张了。几个穿着时髦的年轻人，跑前跑后，张罗着照相馆的生意。

照相在当时来说，是件非常新鲜的事儿，北京城内总共也没有几家照相馆。可是守真照相馆开业后，生意并不是很好，来照相的人不多。可这几个年轻人似乎并不在乎，一副姜子牙钓鱼愿者上钩的姿态。

原来，守真照相馆是革命党人设在北京的一个秘密机构。这几个年轻人，就是同盟会成员汪精卫、黄复生、罗世勋、陈璧君等人。

还在槟城璧如女校读书时，陈璧君就经常在同盟会的机关报上看到笔名叫“精卫”的人写的文章，如《民族的国民》《驳革命可以瓜分说》等，这些文章写得非常好，说理透彻，文笔犀利。陈璧君非常佩服作者的洞察力，萌生了想见一见他的念头。她把这个想法告诉了同盟分会会长吴世荣。

一天，吴先生急匆匆地找到陈璧君，对她说：“汪精卫先生到了槟城，就住在我家，你不是想见见他吗？”

“是不是那个写文章的‘精卫’？”陈璧君问。

“正是！‘精卫’是他的笔名。”于是，陈璧君随吴先生赶往他家。

在吴世荣家里，陈璧君见到了汪精卫。汪精卫个子不高，浓黑的眉毛下，一双大眼炯炯有神，那身得体的白色西服、鲜红的领带，更映衬出不凡的气质。陈璧君一见钟情，爱上了这位慕名已久的才子。

没过多久，她鼓起勇气，向汪精卫写了一封求爱信。没想到却遭到汪精卫的婉拒。

然而，陈璧君每当看到汪精卫那风流洒脱的仪表，听到他那口若悬河的演说，都不由得勾起她爱慕的初衷，于是又加强对汪精卫的进攻，拿文章请汪精卫修改，拜汪精卫为师，请汪精卫教她作诗填词。

相处时日一多，汪精卫渐渐与陈璧君有说有笑，不拘形迹了。陈璧君为了将友情转变成爱情，不是找机会请他吃饭，就是读书。渐渐地，汪精卫对

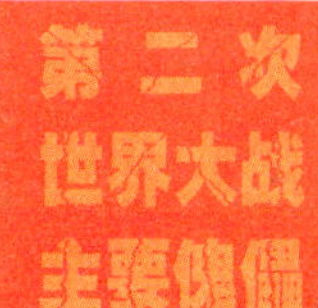

此有了警惕。当时他这个热血青年反清志士，正准备进行一次惊天动地的行动，并决心牺牲自己，觉得不能陷入儿女私情。

不久，汪精卫为做“剧烈行动”的准备离开日本前往香港。这样也就摆脱了和陈璧君的感情纠葛。

原来，汪精卫在家里已与一位刘姓女子订过婚。虽然他极力反对，并宣布与家庭断绝关系，但这门亲事弄得他心力交瘁。考虑到参加革命，四处漂泊，居无定所，短期内他不想再议婚事。

可陈璧君并不死心。当听说汪精卫受孙中山之命去了日本，陈璧君也以留学为名，一路追到日本。

来到日本后，得知同盟会正为活动经费发愁，陈璧君慷慨解囊，把家里给她的钱，全部拿出来捐给了同盟会。当时，汪精卫正在组织暗杀团，准备行刺清政要员。

陈璧君听说后，坚决要求参加。开始，汪精卫不同意，看到陈璧君态度坚决，才勉强答应吸收她。

听到汪精卫同意她参加暗杀团的消息后，陈璧君非常高兴。她想，这样她就可以有很多时间与汪精卫在一起了。陈璧君是个办事非常认真的人，她想，既然参加了暗杀团，就要干出一个样子来。于是，她四处拜师，请人教她柔道、剑术和枪法，还学习如何制作炸药。

1909年冬，汪精卫带着陈璧君，还有黄复生、罗世勋等暗杀团的其他成员，秘密潜回北京。他们以开照相馆为掩护，寻找行刺机会。可是，因为保密工作没做好，汪精卫、陈璧君等人这次在北京的活动以失败告终。他们的行踪被清政府发现。黄复生在照相馆被捕，汪精卫则在他的住地东北园被清兵抓走。

汪精卫被关进刑部大牢以后，少有敢去探望者，唯恐株连。此时，陈璧君却对汪精卫关切备至。她用金钱买通狱卒，送衣送食，长久不断。汪精卫见此，深感患难中同志友爱的珍贵，遂于长夜寂寞之时，赋《怀故人》一诗，托狱卒转交陈璧君。诗云：

落叶空庭夜籁微，
故人梦里两依依。
风萧易水今犹昨，
梦度枫林是也非。
入地相逢虽不愧，
擘山无路愿何归。
记从共洒新亭泪，
忍使啼痕又满衣。

陈璧君读到情郎的诗，非常感动，特地绣了一对枕头，送给狱中受难的意中人。直接向汪精卫表达爱意，有“虽不能生前同衾，也望能死后同穴”等语，还勉励他“忍死须臾以等待美好的将来”，一片痴情，要求汪精卫立即答复。

身处铁窗的汪精卫对于陈璧君的一往情深，不得不报以“不论生死契阔，彼此誓为夫妇”的承诺，并且填了一首《金缕曲》赠她。陈璧君得到他同意订婚的答复和这首《金缕曲》，几年来向汪精卫的苦心追求，总算有了结果。

未几，武昌起义成功。汪精卫于1911年11月6日被释出狱，重获自由，暂住北京骡马市大街泰安客栈。陈璧君喜出望外，与汪精卫朝夕相处，情投意合。

中华民国成立后不久，陈璧君向汪精卫提出正式结婚的要求。汪精卫回到广州征得兄长汪兆镛的同意。

为了婚礼的盛大隆重，汪精卫、陈璧君两人前往香港购办应用衣物，顺便探望亲朋好友。当他们到了方声洞家中时，得知方声洞在参加黄花岗之役中壮烈牺牲了。两人在灵前上香行礼，怀念当年情同手足的情谊，不禁泪下数行。

投敌参政 慰问日伪遭遇伏击

陈璧君是一个参政欲、权力欲很强的女人。她办事雷厉风行，锋芒毕露，敢说敢为。谁要是得罪了她，她可六亲不认。

嫁给汪精卫后，陈璧君泼辣作风不减，积极为汪精卫出谋划策，始终把自己的命运与汪精卫紧紧联系在一起。

1935年11月1日，国民党四届六中全会在南京丁家桥中央党部召开。大会由汪精卫主持，开幕式结束后，全体中央委员来到会议厅门口合影，汪精卫与阎锡山、张学良、林森等人站在前排。

摄影完后，大家正准备返回会场继续开会，突然摄影记者中跃出一人，只听“啪、啪、啪”三声枪响，汪精卫倒在了血泊里。

陈璧君见状，拨开人群，赶忙上前施救。她见汪精卫浑身是血，双眼紧闭，便把他抱在怀里。此时的汪精卫神志尚清醒，他忍着伤痛，断断续续地说：“我为革命……结果如此。我……我……毫无遗憾。”

陈璧君神情镇定，强忍悲痛地说：“四哥，人必有一死，即使你遇不幸，我们仍要继续努力，将革命进行到底。”救护车很快赶到，把汪精卫送进医院进行抢救。汪精卫最终死里逃生。

由于汪精卫与蒋介石有着很深的矛盾，“九一八”事变后，虽然蒋介石、汪精卫重新携手合作，共同推行“攘外必先安内”的政策，但两人仍是貌合神离。再加上这次合影蒋介石借故没有参加，于是引来许多猜疑，认为是蒋介石指使人干的。

第二天，陈璧君闯进蒋介石的办公室，怒气冲冲地质问道：“蒋先生，

你不要汪先生干，汪先生不干就是，何必下此毒手！”

蒋介石当时确实也不知道刺汪究竟是什么人干的，面对陈璧君的质问，脸上红一阵，白一阵，不好发作，只得安慰道：“夫人息怒，夫人息怒，我一定要查清此事，严惩幕后指使者。”

送走陈璧君后，蒋介石把特务头子戴笠找来，大发了一通火，命令他限期破案。

汪精卫与陈璧君的性格正好相反，他虽然老奸巨猾，深藏不露，但办事瞻前顾后，柔弱有余，刚猛不足。因此，巾帼红颜的陈璧君反而成了汪精卫的保护人，汪精卫在政治上遇到什么难题，喜欢回家与夫人探讨，陈璧君也乐此不疲，积极为汪出谋划策。

久而久之，陈璧君大事小事均要插手过问，汪精卫在政治上的不少行动与想法，就是出自陈璧君的主意。以致汪精卫的同党陈公博曾经议论说：“汪先生离开陈璧君干不了大事，但没有陈璧君，也坏不了大事。”

抗日战争爆发后，汪精卫与蒋介石再次发生矛盾冲突。汪精卫力主与日本议和，避免中国军队与日军发生正面冲突。汪精卫的汉奸理论，遭到了绝大多数人的反对，国民党内反汪精卫的呼声高涨。

汪精卫自知斗不过蒋介石，便心灰意冷，甚至一度想退出国民党。

这天，陈璧君见汪精卫回家时，满脸通红，神情颇为激动，问及原因，原来蒋介石请汪精卫吃饭时，两人发生了争吵。

陈璧君听说后，气愤地说：“蒋中正其实也并不想抗日，但他会耍两面派。他与共产党合作抗日，其实根本没有诚心，国共合作迟早是要破裂的。与日本人议和有什么不好，早日消灭共产党，减少无谓的伤亡，这不是两全其美吗！你不能甘拜下风，要与老蒋斗下去，大不了也就一死呗！”

在此之前，汪精卫一直想派人与日本人先行接触，探探日本人的口风，求其支持，必要时与蒋介石决裂。这次，他把这个想法告诉了陈璧君。

陈听说后，非常支持，并催促赶快行动。没过多久，汪精卫便派出梅思平、高宗武秘密到上海与日本人接触。

梅、高两人没有辜负汪精卫的希望，经过一番讨价还价之后，与日本人签订了议和“密约”。1938年11月底，梅思平由上海经香港辗转回到重庆，带回了与日本人签订的“密约”。

在是否离开重庆、公开投日这件事上，汪精卫一直瞻前顾后、犹豫不决。可是陈璧君却态度坚决，极力要汪精卫早日脱离蒋介石，与日本人合作。经过一番思想斗争，汪精卫终于迈出投降日本帝国主义的第一步。

1940年3月，汪精卫伪政府在南京成立。

汪精卫任伪国民政府主席，陈璧君终于如愿以偿，当上了“第一夫人”。在汪伪政府中，陈璧君任“中央监察委员”，后又兼任“广东政治指导员”。

1943年10月中旬，陈璧君由南京乘小型专机到广州，为日本效劳，给广

八路军伏击日军（油画）

东的日伪军打气。据称，陈璧君到达广州不久，就迫不及待地要到广州外围的东莞太平、莞城和石龙沿线巡视，慰问驻守在此的日军及伪军第三十师。10月18日，陈璧君乘炮艇从广州先到太平，同行的有伪广东绥靖公署少将参谋长黄克明等。

中国共产党东江纵队得到情报后，决定伏击陈璧君，打击日伪的嚣张气焰。

10月19日晚，在厚街的一个叫梁德明的副团长，把陈璧君"将经厚街到莞城、20日返回广州"的情报通知了东江纵队派驻厚街的干部黄琴。

据说为了保证陈璧君的安全，当时伪第三十师参谋长从太平亲自到厚街，对厚街伪第八十九团副团长白其良耳提面命，要求该团沿途加强警戒，严防东江纵队袭击。当时梁德明正好在场，第一时间获得了这个重要情报。

梁德明是王作尧副司令在燕塘军校时的同学，兼任厚街伪军第八十九团第一营营长，后来被东江纵队争取过来了，率部队起义参加东江纵队。黄琴当时接到情报后，立即派情报交通员王全偷越封锁线，将情报送到和田情报站。

此时陈璧君一行已到达了莞城。

10月20日凌晨3时30分左右，东江纵队第三大队短枪队队长叶凤生奉大队长邬强之命，将情报带到寮步附近的上屯村，交给大队政委卢伟如。卢政委立即派第三大队平南中队中队长郑戈率第三中队、叶凤生的短枪队和大队的一个爆破队，由郑戈指挥，到莞龙公路选择有利地形伏击陈璧君。

东江纵队的同志们一听是伏击陈璧君，都特别兴奋，个个斗志昂扬，决心为国除害。

接下来，他们马上召开了一个简短的部署会。在会上，他们预计天亮之前可以到达余屋，然后在公路上埋好地雷，地雷一爆炸陈璧君就插翅难飞了。地雷是土制的，有引线，炸药是从香港搞过来的。

部署会开了20多分钟，然后他们马上就出发了。卢政委派他的通讯员带路。这个通讯员是东莞温塘人，但没想到这个通讯员对道路也不很熟悉，七

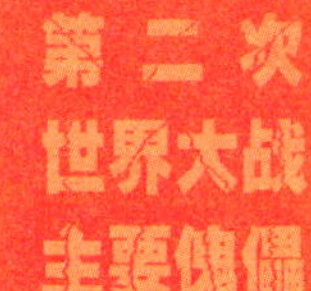

拐八拐的等到达余屋附近的龙岭、沙岭、亚婆坑预伏地点时，已是上午8时多了，此时天色大亮，已没有办法埋地雷了。

郑戈临时决定在路旁打伏击。他们在余屋附近，找到一段较为弯曲狭窄的路，两边都是山。他们占据了东面较高的那座山，前面有一片茂密的甘蔗林。

他们打算在甘蔗林隐伏突击队，机枪火力队在山头制高点。等陈璧君的轿车进入伏击圈后，以密集的火力杀敌和由突击队冲击歼敌。大队短枪队和中队张锦标小鬼班组成突击队主力，叶凤生任突击队队长，郑戈和中队政委李忠带领机枪火力队。

部队按照部署分别占领阵地，严阵以待。

20日上午10时左右，远处传来了汽车声，陈璧君的车队来了。在前面开路的是两辆满载伪军的大卡车，后面保驾的是两辆满载日军的大卡车，车头上架了数挺机枪。中间是两辆小车，陈璧君的车在第二位，是一辆黑色的老式轿车，车身前端较高。

伪军的车进入伏击圈后，突然停了下来，七八十个伪军下车散开，开始搜索公路两侧的山头。其中有四个伪军端着枪向东江纵队的火力队山头爬上来，这个山头地势险要，能以火力控制公路。伪军离他们越来越近，看得出伪军的神情很慌张。郑戈当时心急如焚，要是被伪军发现了打起来，陈璧君的车就会调头溜走。

好在全队的同志都屏住呼吸，沉着应付。忽然，火力队埋伏在山腰坟地的警戒哨被伪军发现了，于是不得已向伪军开枪。幸运的是，就在此时，郑戈看见陈璧君的黑色轿车驶进伏击圈，他马上下令集中火力打击伪军。制高点上的两挺机枪和各小队步枪以密集火力射向陈璧君乘坐的轿车。

陈璧君的轿车连中数弹，失去控制，滑向路边，最后横着停在公路旁。这时候，搜索开路的伪军在匆忙中胡乱开枪还击，紧跟陈璧君轿车的两辆日军卡车上的机枪也开始猛烈射击。八九十个日军匆匆跳下车散开，一部分占领公路旁的田埂，用火力阻止东江突击队冲过开阔地上公路，一部分会同伪

军围住陈璧君的轿车，拼死保驾。

过了一会，日伪军开始用掷弹筒发射小炮弹还击，炮弹连续在打伏击的同志们身边爆炸，日伪军开始接近设伏山脚，企图攻占制高点。郑戈见陈璧君的轿车已经中弹，就命令部队撤退。

他们撤离必须经过大片开阔地，突击队要冲上公路也需要经过大片开阔地，而敌人的兵力比他们多，形势对东江纵队非常不利。各小队用火力相互掩护，交替向桑园方向撤退。整个战斗持续了15分钟左右，打死日伪军20多人，东江纵队安全撤离，无一伤亡。

陈璧君并没有被打死，只是受了轻伤，死的是她的司机。她当时和黄克明吓得钻在车座下面，逃过一劫。以后陈璧君一伙再也不敢从石龙回广州，而是退回莞城，再坐船走水路回广州。回到广州后，陈璧君十分沮丧，再也不敢到处视察慰问了。

虽然陈璧君没有死，但是这一仗的影响很大，不光驻守在莞城的日伪军，就连南京、广州的日军和汉奸头目们都大为震惊。

1944年11月10日，汪精卫在日本病死。汪精卫的尸体被运回南京，很快举行了葬礼。办完丧事，陈璧君带着一群亲信，回到了广东。伪广东省省长此时已换了她的妹夫褚民谊，陈还想凭借这层关系继续在广东的统治。

罪有应得
铁窗之内度过余生

1945年8月14日，日本天皇下诏，宣布无条件投降的消息传来，陈璧君惶惶不可终日。

这天，陈璧君找到褚民谊商议应对之策。褚民谊也似热锅上的蚂蚁，哪还有什么高明的主意。

见褚民谊比自己还要惊慌，陈璧君安慰他说：“不要怕，当年我们追随汪先生的目的是求和平，又不是卖国当汉奸。现在这个目的已经达到，任务已经完成，没有什么可怕的！”

下一步该怎么走，两人商量来商量去，最后决定向蒋介石献殷勤，请蒋介石看在昔日一致反共的情分上网开一面。于是，陈璧君要褚民谊向蒋介石发份电报，试探一下蒋介石的态度：

敌宣布投降后，共军乘机蠢蠢欲动，正三三两两潜入省防，不良居心昭然。愿谨率所部严加防范，力保广东治安，静候中央接收。

隔天，陈璧君让褚民谊又发一电：

汪夫人愿为中央效犬马之劳，誓将广东完璧中央，盼蒋委员长训示。

电报发出后，如石沉大海，迟迟不见蒋介石的回音。

广州城内，到处在捉拿汉奸。陈璧君躲在家里，忧心忡忡，度日如年。就在陈璧君陷入绝望之时，一位不速之客敲响了褚公馆的大门。此人就是大名鼎鼎的国民党军统局广州站主任郑介民。

郑介民对褚民谊说："你给委员长的两封电报都收到了。此次，我是奉戴局长之命，前来迎接汪夫人与你前往重庆。蒋先生有一封电报要我转交给你。"说着，取出一份附有密码的电报交给了褚民谊。褚民谊展开电报，认真读了起来。

重行兄：

兄于举国抗战之际，附逆通敌，罪有应得。唯念兄奔走革命多年，自当从轻以处。现已取得最后胜利，关于善后事宜，切望能与汪夫人各带秘书一人，来渝商谈。此间已备有专机，不日飞穗相接。

弟蒋中正

重行是褚民谊的字。读完电报，褚深信不疑，非常高兴。他问郑介民："我们什么时候可以去重庆？"

郑介民回答说："重庆的飞机后天就可抵穗，请你马上转告汪夫人，做好准备。"

褚民谊把这个消息告诉了陈璧君。陈闻讯后，喜出望外，特地让人上街买了一筐刚上市的鲜桃，准备带到重庆，送给蒋夫人。

第三天上午，郑介民通知褚民谊："专机已到，请与汪夫人下午15时等候在原省政府门口，有车来接。"

15时整，郑介民带着十余辆汽车和一伙军统人员准时到达。他下车后，即宣布："为了安全起见，每辆车只能坐两人，其余座位，由军统陪送人员

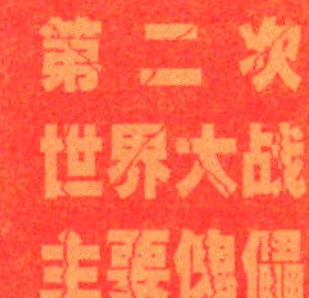

乘坐。”

陈璧君与褚民谊安顿坐好后，汽车便出发了。车队刚出省政府，陈璧君就发现汽车不是朝白云机场方向驶行，她惊问：“这是去哪里？”

郑介民笑着解释说：“重庆来的是水上飞机，我们这是去珠江边，先上船过渡，再上飞机。”陈璧君便不再怀疑。

汽车很快来到珠江边，早有汽艇在此迎候。郑将陈、褚送上船后，称有公务不能陪同前往，便将两人交给一姓何的中校专员，随后乘车走了。

郑介民

汽艇刚一离岸，那位姓何的专员就从口袋里取出一张纸，念道：“重庆来电，委员长已去西安，旬日内不能回渝，陈、褚此时来渝，诸多不便，应先在穗送安全处所，以待后命。”

此时两人方知中了戴笠的圈套。陈璧君又哭又闹。汽艇来到江对岸停了下来。陈、褚两人被押下船，在一栋两层楼房里住了下来。大约过了半个月，军统人员把陈璧君随身携带的贵重物品全部收缴，用一架军用飞机将陈、褚押往南京，关进了宁海路25号看守所。至此，陈璧君开始了她的囚徒生活。1946年4月16日，江苏高等法院以汉奸罪判处陈璧君无期徒刑。

1949年春，蒋家王朝行将灭亡。此时，国民党对在押的汪伪汉奸作出了一项特殊的决定：除已执行死刑者外，凡判处无期徒刑的继续羁押，判有期徒刑不管刑期多少，一律释放。按照这个决定，陈璧君仍不能出狱。

1949年4月，苏州解放。中国人民解放军全面接管苏州后，陈璧君从狮

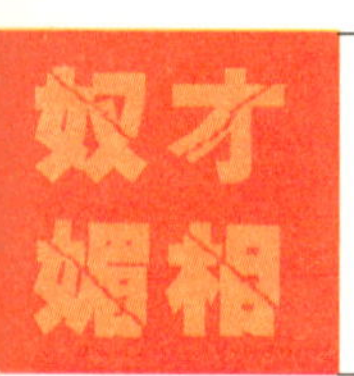

子口监狱移解到公安局看守所。上海解放以后，陈又从苏州解押到上海提篮桥监狱。刚开始，陈璧君对中国共产党和人民政府有很深的抵触情绪，拒不承认自己是汉奸。

9月，中国人民政治协商会议在北京举行，会上，宋庆龄与何香凝找到毛泽东、周恩来为陈璧君说情。宋庆龄、何香凝与陈璧君私交很深，1912年汪精卫和陈璧君结婚时，何香凝还曾做过陈璧君的伴娘。

何香凝对毛泽东说："汪精卫叛国投敌，陈璧君也跟着一起跑，当了汉奸。但她毕竟是参与者，不是决策者。陈璧君已经在牢里关了几年，听说身体不好，能不能够考虑到她的身体状况，对陈璧君进行特赦。"

毛泽东略作思考，回答道："陈璧君是个很能干也很厉害的女人，可惜她走错了路。既然宋先生、何先生为陈璧君说情，我看就让她写个认罪声明，人民政府下个特赦令，将她释放。"

周恩来在一旁说："那就请宋先生、何先生给陈璧君写封信，我们派人送到上海监狱，看看陈璧君的态度。"

当天晚上，宋庆龄与何香凝便给陈璧君写了一封信：

陈璧君先生大鉴：

我们曾经在国父孙先生身边相处共事多年，彼此都很了解。你是位倔强能干的女性，我们十分尊重你。对你抗战胜利后的痛苦处境，一直持同情态度。

过去，因为我们与蒋先生领导的政权势不两立，不可能为你进言。现在，时代不同了。今天上午，我们晋见共产党的两位领袖。他们明确表示，只要陈先生发个简短的悔过声明，马上恢复你的自由。我们知道你的性格，一定难于接受。能屈能伸大丈夫，恳望你接受我们意见，好姐妹！

殷切期待你早日在上海庆龄寓所，在北京香凝寓所畅叙离别之情。谨此敬颂大安！

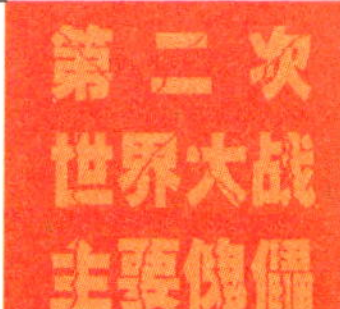

庆龄（执笔）何香凝

1949年9月25日夜于北京

信很快送到了陈璧君手里。据说，陈璧君接到信后，沉默多时，最后表示拒绝。她提笔给宋庆龄、何香凝写了回信：

> 共产党要我悔过，无非还是持蒋政权的老观点，认为我是汉奸。汪先生和我都没有卖国，真正的卖国贼是蒋介石。这不用我历数事实，两位先生心中有数，共产党心中有数。正由于两位知道我的性格，我愿意在监狱里送走我的最后岁月。衷心感谢你们对我的关心和爱护。

尽管陈璧君顽固不化，监狱里的管教干部仍对她进行了热情的挽救和教育，找她谈话，给她报纸和一些政治书籍阅读，让她了解时事和马克思主义的基本理论。

在管教干部的帮助下，陈璧君情绪慢慢缓和下来，她逐渐认识到了自己的罪行。在狱中，陈璧君曾用半通不通的白话文句子这样写道：

> 我初到此处监禁之时，自己一点都不认识自己的错误，非常不平，以为是政治上的成败。
>
> 及后，我看了些书后，渐渐认识到马列主义及毛泽东思想，便心中气和，后来竟大彻大悟，知道一切的道理。及时读《解放日报》，加以深深的学习，不但气平，而且羞愧。
>
> 其后另一朋友，送许多进步的书籍、小说、杂志、文选，更学习了《列宁主义问题》后，便如盲目者忽得光明。不但对于以错误见解所做成之点，明若掌上现文。他日幸而改造成功时，重复工作之道路、途径，亦得深刻认识，及努力的去了解，往往思

想斗争，至深夜不能睡。加之接受监中之教育之后，更加了然。

1955年7月，陈璧君在一份自白书中又写道：

我少子来见我，给了数本书，女监也每早九时送报纸给我，后来便求得自己订一份《解放日报》，我很用心的从它学习理论和了解人民政府的措施。我便渐渐信服共产党、毛主席领导下的人民政府的正确理论和用心了。

尤其是我借得《论人民民主专政》的一文，我读了八遍，不够，要还给人家，我便将它抄下来。日日看，看了一遍又一遍，我完全了解了。有个姓龙的朋友送了现在这一大批书给我，我便明白了共产党为什么胜利，国民党为什么灭亡，是一个历史铁一般的规律。

陈璧君的身体每况愈下，她除患有心脏病、高血压外，还因痔疮、颈部淋巴炎、肺炎等住过医院，每次住院，短则半个月，长则近一年。后期，她几乎有一半的时间是在医院度过的。1959年5月2日，陈璧君突然咳嗽、气喘，心跳加快，被再次送进医院。

在医院里，陈璧君得到了医护人员的精心治疗与护理。医院请来享有盛誉的中西医学专家前来会诊，先后为陈进行了15次血液检查、3次X光透视、2次心电图检查，最后诊断为高血压性心脏病、风湿性关节炎、并发性肺炎。当时，国家正遭受自然灾害，食品极度匮乏，但为了抢救陈璧君，医院每天给她准备了高蛋白营养饮食，特别供应牛奶，保证她的营养。

陈璧君自知将不久于人世，便给其子女写了一封信：

诸儿同阅：

我于本月2日因病蒙人民政府在革命人道主义待遇下送入医

院，现由中西医会诊处方，年近七旬加上病魔纠缠，病况较为严重，万一不幸与诸儿永别，则盼诸儿早日回归祖国怀抱，以加倍努力工作以报答人民政府挽救我之深厚恩情。吾死别无所念，因你等均已达而立之年，遗憾者未能目睹祖国进入社会主义社会。

你等于5月4日、9日先后汇共两百港币已收到，勿念。以后兑款仍寄原址，祝健康！

母字

1959年5月19日

陈璧君的身体日渐衰竭，最后因大叶性肺炎引起心力衰竭。1959年6月17日，陈璧君死于上海提篮桥监狱医院，时年68岁。

陈璧君的子女在新中国成立前都去了国外，她在上海没有直系亲属，尸体由其在上海的儿媳之弟收殓火化，骨灰送到广州。1960年，由陈璧君在香港的子女派人到广州认领。

1961年秋，陈璧君的骨灰由其子女撒入香港附近的大海里。

December 13th, 1937,
The only hope to survive
217

奴才媚相

第二次世界大战主要傀儡

褚民谊

褚民谊，浙江湖州人。1903年去日本求学，1907年加入同盟会，1925年回国，任国民政府教育委员会委员、广东大学医学院院长。1926年，当选为国民党中央执行委员会候补委员。日军占领上海后，褚民谊参与建立亲日政府的活动，后成为汪伪政府核心人物之一。1946年8月，被国民政府以汉奸罪执行枪决。

参与建立汪伪政权

1884年，褚民谊生于浙江省湖州府（今吴兴区）一个医生家庭，1903年，褚民谊东渡日本求学，入日本大学学习政治经济学。1906年，随同乡张静江赴法国，途经新加坡时参加同盟会，抵巴黎后，与吴稚晖、李石曾、蔡元培等创办中国印书局，发行《新世纪月刊》和《世界画报》等，宣传反满革命。

1911年11月，褚民谊回到上海。经黄兴介绍，结识了汪精卫、陈璧君夫妇，随后同陈璧君的义妹陈舜贞结婚，成了汪精卫的连襟。

1912年4月，褚民谊就任中国同盟会本部驻上海机关部总务长。后来，宋教仁将同盟会等团体改组为国民党，褚民谊对此失望而于9月赴欧留学比利时，在布鲁塞尔自由大学学习。

1915年春，褚民谊回上海参加倒袁运动，9月份再次回到欧洲。后在法国和蔡元培、汪精卫组织华法教育会，以支持中国留学生。此后不久，他成为无政府主义者。

1920年，褚民谊和吴敬恒、李石曾创建巴黎中法大学，任副校长。同年，他赴斯特拉斯堡大学学习医学。

1924年，褚民谊获法国斯特拉斯堡大学医学博士学位。

1924年末，褚民谊回国，在孙中山领导的中国国民党内从事教育工作，历任广东大学教授、代理校长，同时兼任广东医学院院长。

1926年1月，褚民谊在中国国民党第二次全国代表大会上当选中央候补执行委员，不久又升任中央执行委员。后作为汪精卫的心腹参加党政活动，

成为改组派要人。同年7月北伐开始，他任总司令部军医长。

1928年，褚民谊赴欧洲研究公众卫生。归国后任国民卫生建设委员会委员长。1932年，褚民谊凭借和汪精卫的关系，担任行政院秘书长。

一次，汪精卫批阅文件，看到这个秘书长盖过章的文件里错误百出，勃然大怒，把褚民谊叫来臭骂一顿。

褚民谊丈二和尚摸不着头脑，一时不知说什么才好。汪精卫一气之下，顺手一推，将桌上的文件抛得满地都是，褚民谊慌忙弯腰去拾，当着汪精卫的面，翻来覆去地寻找差错，但始终找不出来。

后来，还是一位秘书看出，原来那些应该用呈文的公文，褚民谊却误用公函了。

还有一次，行政院在新扩建的房子里开会，各部部长到齐，就剩汪精卫还没来。不久，隐约听到院子厕所里传来敲击声和叫骂声，原来整个工程偷工减料，厕所的门也是假冒伪劣产品，锁上了就打不开，把汪精卫锁在里面出不来了。

褚民谊

褚民谊作为秘书长，本有监工验收之职责，可他懵懂糊涂，全然不清楚。最后还是请了个锁匠来，才把汪精卫解救出来。

1935年11月，汪精卫遇刺负伤而辞任，褚民谊也一同辞职，而后赴上海任中法国立工学院院长等职务。

1937年，日军攻占上

海时，褚民谊任职中法国立工学院院长、中法技术学校医学研究部主任，没有随国民政府机构一起西撤。

1939年5月，他受汪精卫邀请，参与建立亲日政府的活动，遂成为汪伪政府核心人物之一。同年8月，汪精卫在上海召开“中国国民党第六次全国代表大会”，褚民谊当选“中央监察委员会常务委员”、“中央党部秘书长”。

随后，在伪国民党六届一中全会上，褚民谊任“秘书长”，成为汪伪国民党的“总管家”。

1940年3月，南京汪伪国民政府成立，褚民谊任“行政院副院长”兼“外交部长”。同年12月，他任“驻日大使”。

在此期间，他屈意奉承日本政府，一些汪精卫都不敢签的卖国条约，都是由他出面签署。1942年，褚民谊受汪精卫派遣，任“访日特使”前往日本，获昭和天皇授予一等旭日大绶章。

在汪伪国民政府中，他是和汪精卫、陈璧君接近的“公馆派”的一员，一切听命于汪精卫夫妇。

1944年下半年，世界反法西斯战争不断取得胜利，在中国抗日军民的打击下，侵华日军已呈全面溃败之势，汪伪政权岌岌可危。

11月10日，汪精卫病死于日本名古屋，更让汪伪政权处于风雨飘摇中。大大小小的汉奸们并不甘心于伪政府的垮台，仍在做着垂死挣扎。

作为伪国民政府“外交部长”，褚民谊是汪伪政权中的第四号人物。汪精卫一死，他就伙同一帮人，全力攻击伪国民政府“代主席”陈公博，指责他独断专行，大权独揽，让自己成了个跑龙套的，只能干些琐碎的小事，坚决要求辞职。后经周佛海等人从中斡旋，才同意暂留南京。

但此时的日本帝国主义已经到了穷途末路，坐镇广州的汪精卫之妻陈璧君眼看形势不好，为了加强对广东地区的控制，增加以后与蒋介石谈判的筹码，便连电催褚民谊前去广州帮忙。

1945年7月上旬，褚民谊辞去伪外交部长一职，离开南京飞往广州，就任伪广东省省长，同时兼任“广州绥靖主任”和“保安司令”及“新国民运动

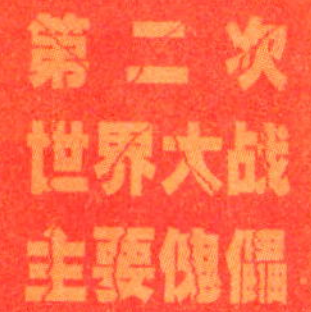

促进委员会广东分会主任委员”。一踏入羊城，他就声称要“借着整理广东来推进全面和平，借着收拾广东来恢复全国常态”，企图在广东增强自己和陈璧君的实力，为自己留条后路。

可事与愿违，未待褚民谊实现自己的“大志”，全国的形势就发生了巨大的变化。8月11日，刚上任一个多月，连伪省政府与绥靖公署两衙门的人员尚未全认识的褚民谊，就接到了陈公博从南京打来的长途电话，陈公博告诉他：“日本已接受波茨坦宣言，‘和平政府’寿终正寝，已经自行取消了。”

褚民谊一听，知道大势已去，但他不甘心坐以待毙，每天仍照常赴伪省政府办公，静观时局变化。

对抗法庭
极力粉饰卖国行径

1945年8月15日，日本正式宣布无条件投降，重庆国民政府委任罗卓英为广东省政府主席。

褚民谊再也坐不住了，为了逃脱人民的惩处，他大拍蒋介石的马屁，先给蒋介石发了一封电报，以试探蒋的态度：

敌宣布投降后，……愿谨率所部严加防范，力保广东治安，静候中央接收。

他还公开发表谈话，说：“本人肩负广东治安，并积极组织警备司令部，亲自兼司令。严令各师长、各县长各守本位。如因要事在省城者，立即返任，保护地方及人民，静待中央派员来接收。并遵照蒋委员长命令，严饬各师、各部队不得擅自移防，不得擅自收编及受编。”

没过几天，在陈璧君的授意下，褚民谊又给蒋介石发去一电：

本人和汪夫人（指陈璧君）愿为中央效犬马之劳，誓将广东完璧中央。盼蒋委员长训示。

两封电报发出后，如石沉大海，迟迟不见蒋的回音。褚民谊躲在家里，忧心忡忡，度日如年。此时，广州市秩序大乱，冒出许多“先遣军”“别动军”。伪省府及民政、建设、教育、绥靖公署的厅长们见势不妙，纷纷向褚

民谊提出辞呈。伪广东海军要港司令招桂章率先在绥靖公署就任“先遣军”总司令职，号令一方。

褚民谊见大势已去，就在报纸上刊登启事，告知广州市民：“广州治安由招总司令负责，本人静待中央命令；并将省政府一切事务交与秘书长张国珍维持，专等国民政府委任的广东省主席罗卓英的到来。”

此时，国民政府已开始在全国范围内逮捕汉奸。鉴于褚民谊身份较为特殊，实施公开逮捕有着诸多不便，国民政府便将这一任务交给了军统。

褚民谊此刻还不知道，在军统的特务陆续抵达广州后，由军统局局长戴笠亲自布置，一张“肃奸”的巨网已经向他悄然撒开。

8月26日傍晚，按照事先的计划，国民党军统局广州站主任郑介民亲自拜访了居住在法正路寓所的褚民谊。寒暄之后，郑介民出示了蒋介石给褚民谊的手令：

> 重行兄（褚民谊字重行）过去附敌，罪有应得，姑念其追随国父，奔走革命多年，此次敌宣布投降后，即能移心转志，准备移交，维持治安，当可从轻议处。惟我大军入城在即，诚恐人民基于义愤，横加杀害，须饬属妥为保护，送至安全地带。候令安置。

老奸巨猾的褚民谊似乎看出了军统的不怀好意，他担心如若按照电文所说的做，会给蒋介石以“畏罪潜逃”的口实。

郑介民走后，褚民谊立即来到了陈璧君的公馆，两人商量后，褚民谊致电戴笠转蒋介石，先是表达谢意，说“委座宽大，我兄关垂，俱深铭感”，但同时表示仍愿意留在广州“现居住址”，“恭候中央安置”。其目的是想静观时局变化，以图另策。

看到军统假传“圣旨”的把戏即将被戳穿，郑介民再生一计。为稳住褚民谊，他再次登门拜访，一见面就祝贺褚民谊：“重行兄，你的那份电报戴

局长已经收到，戴局长让你先安心住在这里，他已请示委座，估计过几天便有结果。”

9月10日晚，郑介民带来了蒋介石给褚民谊的第三封电报：

重行兄：

兄于举国抗战之际，附逆通敌，罪有应得。唯念兄奔走革命多年，自当从轻以处。现已取得最后胜利，关于善后事宜，切望能与汪夫人各带秘书一人，来渝商谈。此间已备有专机，不日飞穗相接。

弟蒋中正叩

看到蒋介石如此“顾念旧情”，三番五次地“邀请”自己，褚民谊彻底打消了疑虑，落入了军统设下的圈套。

9月12日，褚民谊、陈璧君等人坐上了郑介民派来的汽车，准备乘飞机去会见蒋介石。车子发动后，却不是向机场而是向珠江江畔疾驶而去。褚民谊发现情况有变，立即责问郑介民。郑介民解释说，重庆来的是水上飞机，得先去珠江边上船过渡，再上飞机。褚民谊听后半信半疑。

汽车很快来到珠江边，果有汽艇在此迎候。郑介民将陈、褚送上船后，便称另有公务不能陪同前往，将两人交给了一位姓何的中校专员，随后乘车走了。

汽艇刚一离岸，那位姓何的专员就从口袋里取出一张纸，念道：

重庆来电，委员长已去西安，旬日内不

能回渝，诸多不便，应先在穗送安全处所，以待后命。

至此，褚民谊已经完全明白，什么“关照”，一切都只是圈套。但如今沦落到这种地步，也只有“听天由命”了，因此，他没有作声。可陈璧君却毫不在乎，还是按照往日的做派，大发雷霆，吵嚷着要回家去。无奈“陪行人员”手持武器，最终将他们带到了广州郊外市桥伪师长李辅群的住宅软禁起来。

10月14日，陈璧君、褚民谊等人，还有陈的长女汪文惺、次子汪文悌及两岁的外孙女何冰冰等，在广州白云机场登上飞机，几个小时后，飞机降落在南京明故宫机场。他们一下飞机便被押上囚车，送往宁海路25号看守所关押。

1946年2月18日，褚民谊被解送苏州，关押在国民党江苏高等法院狮子

1945年日本投降，日军向中国陆军总司令何应钦递交降书

口第三监狱。在狱中，褚民谊写下了洋洋洒洒3万余字的《我参加和运的经过》，为自己“表功”。

不久，江苏高等检察处开始对褚民谊进行押审、侦察。

3月17日上午9时许，褚民谊在江苏高等法院看守所老老实实回答了检察官王文俊的问题，同时再次为自己表功。问完后，书记官王雄亚将笔录给褚民谊阅后，让其签完字，由法警押回牢房。

4天后，江苏高等检察处对褚民谊提起了公诉，列举了他所犯的五大罪状：

一、附和汪逆，反抗中央，出任伪职；

二、参与签订丧权辱国的条约；

三、对英美宣战；

四、助敌成立振兴公司，帮助日本进行扩充军需；

南京“总统府”旧址

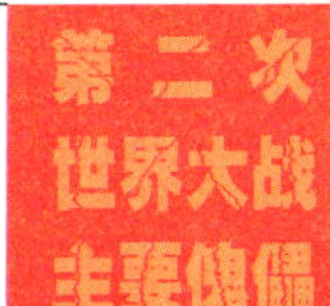

五、在广东省长任内，擅加关税，补给日本军用。

江苏高等检察处认为，褚民谊“通谋敌国，反抗本国之罪行无有宥免，并据此送请法院依法审判”。

4月15日14时，江苏高等法院刑事第一庭公开开庭审理褚民谊汉奸案，审判长为孙鸿霖，推事石美瑜、陆家瑞，首席检察官韩焘。到庭旁听者极多。褚民谊一脸灰白胡须，身穿深色棉布长衫，扎脚棉裤，头上戴一顶黑色帽子。

在被押出铁门时，拥在门口的记者纷纷上前拍照，这时的褚民谊还故作镇静，“大汉奸”之唾骂声不绝于耳。褚民谊深吸了一口气，努力使自己平静下来。

检察官韩焘首先宣读了起诉书，列举了褚民谊几大罪状。褚民谊知道，按照起诉内容，他肯定是难免一死，于是开始为自己辩解：“检察官说南京政府是想推翻重庆政府，说有了中央政府，何必再要南京政府？”

他把头一扬，继续侃侃而谈：“要知南京政府是在日本铁蹄之下，日本占领之特殊情形下，而来救国救民的。如果说它不抗日的话，则如中日基本条约改为同盟条约就较前减轻多了。和平救国是用和平的方法来折冲的，像重庆秘密派人来南京，绝不追究，甚或要掩护他们……”

褚民谊对汪精卫大加吹捧，他说：“国难当头，战事颓败之时”，“幸有汪先生其人者，不顾一己之安危，抱吾人不入地狱谁入地狱之宏愿，根据我党27年汉口临时代表大会之宣言，响应近卫声明而发艳电，始而复党，继而组府”，实在是一个“仁人君子”。对汪精卫的卖国投敌罪行的掩饰，其目的还是在为自己开脱卖国的罪责。

褚民谊还大事吹嘘自己的历史“功绩”，特别强调他在任伪职期间的种种“有利于抗战”的事迹，标榜他“于党国，社会文化不无微功”，不仅从日本人手里收回许多文物，还主持“收回租界”。

他说：“本人任外交部长时因为没有什么事情可办，对于日本人占我

民间房屋或其他不利于人民的事，我就出来与他争论。日本人因为我的年纪大、声望高，在对我交涉的事也让出来或改正，这也可以说是我抗日的一种方法……当时我国武力不足，已退到后方，试问人民是否希望有人出来维持他们呢？所以，南京以和平方法抗日来维护人民，总是不错的；至于下面的人有不好的地方或贪污不法的行为，那就非南京的本意了。"

褚民谊还狡辩说："检察官要判处我为叛国元首，事实上我是南京政府里的第十二名，前有各院院长五人，副院长五人，内政部长，以后才是我外交部长。""我从事和平运动时，即有电给蒋委员长，是否收到不清楚，后来在胜利时，接到蒋委员长电报，谓汝追随总理十余年，在广东维持治安有功，可从轻发落。"

不仅如此，褚民谊还在法庭上装疯卖傻，插科打诨，出尽洋相。当别的检察官循例问他"听清楚问题了没有"时，他挤眉弄眼回答"我是浙江人，你一口苏北话我可听不明白"，引得哄堂大笑。

褚民谊还大放厥词，说什么"有战必有和，迟早而已"，汪伪政权的成立是"和平抗日"，"智者"所为，是为了保持国家的"元气"。其顽固不化的汉奸嘴脸由此可见一斑。

褚民谊妄图洗涤他的汉奸罪行的种种诡辩，更加暴露他的丑恶嘴脸。检察官随即提出各种证据，包括录音片两张，为褚民谊在当伪外交部长时的讲话，说明伪政府所谓"救国救民"完全是无稽之谈；所谓"和平抗战"更属可笑，故要求依法判处重刑。

1946年4月22日下午，江苏高等法院再次开庭。根据褚民谊的罪行，审判长向其宣读了"民国35年特字第408号"判决。判决认为其罪行"实属甘冒不韪，罪无可恕"。着对其"处以死刑，褫夺公权终身。全部财产，除酌留家属必需生活费外没收……"

江苏高等法庭的判决让褚民谊心里十分害怕，但他表面上依旧故作镇静。事到如今，他知道自己已在劫难逃，但却仍不甘心，因为他手里还有最后的一个重要砝码——孙中山的肝脏标本。褚民谊一面让自己的老婆陈舜贞向最高法院要求复判，一面以自己手里的“国宝”相要挟，要求法官给自己以活命。

在陈舜贞的多方奔走下，蒋介石也发出了对褚民谊案件从轻处理的手谕，但此举招来了舆论的强烈反对。在各方压力下，蒋介石不得不收回“成命”。

5月29日，最高法院特种刑事判决，驳回陈舜贞的复判要求，“原判决核准”。6月24日，江苏高等法院也做出裁决，再次维持原判，不做减刑处理。

褚民谊的最后一线希望也破灭了。1946年8月23日，他在苏州的监狱被处决，终年63岁。

217

奴才媚相

第二次世界大战主要傀儡

李士群

李士群，早年加入中国共产党。1932年被国民党中统特务逮捕，自首叛变，被委为国民党中央组织部党务调查科上海工作区直属情报员。抗日战争爆发后，投靠日本人。1939年任汪伪“国民党中央执行委员会特务委员会”秘书长，充当日本人走狗，残酷迫害抗日军民，犯下了滔天罪行。1943年9月11日，被日本特高课毒死。

叛变投敌
建立"76号"魔窟

李士群，1907年生，浙江遂昌人。李士群早年到上海求学，并参加了革命。1927年，被共产党派去苏联学习，1928年回国。1932年，被国民党中统逮捕后，叛变了革命。

"卢沟桥事变"后，上海、南京相继沦陷。李士群本来奉中统之命"潜伏南京"，但贪生怕死的他却在南京沦陷前逃到了汉口。

日本帝国主义的烧杀淫掠让李士群吓破了胆，他认为中国会亡，于是把目光投向敌人。他逃到汉口以后，又躲过中统的耳目，绕道广西、云南，经河内去了香港。

李士群一到香港，便与日本在香港的总领事中村丰一搭上了线。中村丰一认为李士群在香港发挥不了多大作用，便把他介绍给日本在上海大使馆的书记官清水董边。李士群到上海后，清水让他为日本大使馆搞情报，李满口应允。就这样，李士群完成了从投身革命、叛变投敌到成为大汉奸的全过程。

1938年，李士群只身来沪，与日方搭上了关系，为日方刺探情报，从事间谍活动，同时拜上海青帮有名人物季云卿为老头子，利用青帮门徒，增强自己的势力。这时他住在大西路67号，平日深居简出，行踪诡秘，不大在外露脸，但日本宪兵队便衣警探和驻沪领事馆人员，常出入其门。

当时沪西环境相当复杂，成为各种犯罪分子的滋生场所。

李士群与开设好莱坞、华人俱乐部、荣生公司、利生公司等大赌窟的流氓恶霸朱仁林、顾文达、钱国栋、吴四宝、潘三省等互相勾结，狼狈为奸，

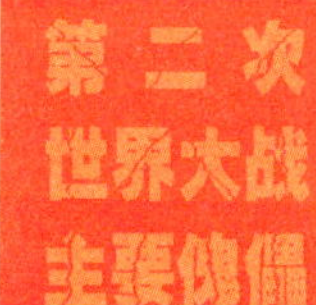

做下许多危害人民的罪恶勾当。

不久，李通过日方关系，获得日本内河轮船株式会社的许可，在苏州北路998号开设大福运输公司，代客装运上海、无锡、常州之间的货物运输，自任董事长，经理为马叔涛，业务由陆鸿泰主持。几个月后，大福运输公司结束，改归陆鸿泰负责，更名为大福驳运公司，每月盈余，仍然送至李处。

比李士群稍晚一些时候，中统特务丁默邨从香港到了上海。他和李士群、唐惠民都是朋友，当下三人密谋组织秘密机关，从事政治活动。

因李士群原与日方有渊源，遂于1939年春，由李士群之妻叶吉卿出面，向上海银行经租处租到沪西越界筑路地区忆定盘路（现江苏路）95弄10号大洋房一座，对外称做“叶公馆”，雇用大批流氓做警卫，由日本宪兵队拨给枪支，专为日方刺探情报，迫害爱国人士。他们对外并无正式名称，内部由丁默邨主持，李士群与唐惠民副之。

叶公馆成立后，他们开始招兵买马。各色各样的亡命之徒，纷纷投奔门下，土匪、恶霸、惯窃、强盗应有尽有。吴四宝的门徒张国震、沈忠美、邱大宝等尤为活跃。他们除收集抗日情报、暗杀爱国人士外，兴风作浪，绑票勒索，贩毒走私，到处寻衅滋事，鱼肉人民。

李士群

当时租界里层出不穷的绑架暗杀案件，就是他们干下的罪恶，著名的《大美晚报》、《华美晚报》等报馆被炸，也是他们一手造成。租界

当局明知这些案件出自叶公馆主使，但一则该处属越界筑路区域，管辖权力受到限制；二则他们有日本宪兵队作后台，投鼠忌器，奈何不得。虽然租界当局经常把红色警备车停在弄口，无非掩人耳目而已。

不久，叶公馆扩大组织，日本宪兵队拨给军管的极司菲尔路76号（现万航渡路435号）大花园洋房作为新址。这所洋房，原属国民党军事参议院院长陈调元所有，沦陷后由日军管理。

对付抗日志士的刑具

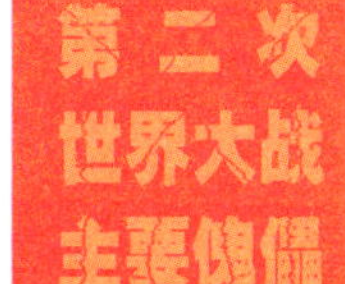

于是他们正式成立“特工总部”，简称“76号”，由丁默邨任主任，李士群、唐惠民分任副主任。又成立“警卫总队”，由李士群兼总队长，吴四宝为副总队长，张鲁为参谋长，叶吉卿为财务主任，吴四宝之妻佘爱珍为经理主任。“76号”前沿马路华村20多幢三层楼房以及对面75号五层大楼的居民，全部被逼迁移，这些房屋即占为特工总部的办公处和宿舍。

警卫总队的枪械来源有两处。一是由日本宪兵队用大皮包装来，都是驳壳枪和六寸手枪，约有60支，由李士群转交张鲁接收，经范雨人造册后拨给警卫总队使用。二是在伪警政部成立后，由部拨交旧式步枪100支，在南京三叉河装上惠民兵舰，由特工总队常驻南京区的日本宪兵曹长大桥护送至沪交给“76号”。

日本宪兵队还在“76号”里成立了一个名叫“梅机关”的指挥机构，对外称为顾问。特工总部南京区则由南京日本宪兵队本部特高课课长的藤冈负责指挥。

这里常驻日本宪兵特务班一班，有班长马场准尉和曹长、军曹等七八人，南京区每天收集的情报，都要向特务班汇报，对外行动，事前要和他们取得联系，才得执行。

伪国民政府“还都”时，汉奸大员都由他们协助保护。南京区的职员宿舍，由日方供给，门上悬挂“南京日本宪兵队特务班宿舍”的牌子。南京区直辖的芜湖、镇江、蚌埠三个特工站，则由特务班各派宪兵一人常驻。

被一般人视为魔窟的“76号”，大门日夜敞开，武装守卫，戒备森严。头道二道大门，砌成

牌楼，上书“天下为公”四个大字，院内高竖青天白日满地红旗，内部另辟一室，悬挂国民党党旗和孙中山遗像，这些都是做幌子的。

“76号”的主要工作对象是镇压沦陷区的抗日志士。被捕的人，先由吴四宝手下的亡命之徒用刑逼供，惯用的有灌水、抽打、上老虎凳等酷刑。其他区、站、组的情况也是如此。

特工总部成立后，为避免租界当局注意，请领汽车执照时，都用私人名义，内有用岳光烈名义领照的一辆。1940年春，“76号”人员乘该车在租界内有所行动未遂，执照号码为捕房抄去。某次岳光烈乘该车去戈登路立泰银号途中，被戈登路捕房连人带车关进捕房。

岳光烈的同事孙时霖前往探询，也被扣留，并将司机名老李者用电刑逼供，要他招出在租界内的绑架案件。后由“76号”向捕房疏通，才取保释放。事后听说，“76号”曾被戈登路捕房敲去一笔很大的竹杠。此后，“76号”有几辆汽车出事，无法再在上海行驶，曾运至南京区使用。

这一时期，重庆也有军统中统的“上海区”人员留驻上海，与“76号”钩心斗角，互施报复。季云卿、曹炳生、陈明楚、余王介等，都因与“76号”关系密切，被对方暗杀。季云卿被杀地点，即在成都路季宅附近，算是给“76号”的一次示威行动。

季云卿死后，一应丧仪都由李士群负责，并对季云卿妻金宝师娘始终敬如上宾，可见他们之间的关系非同寻常。

1938年12月，汪精卫离开重庆，转道昆明到越南河内，发表“艳电”，主张“响应日本首相近卫文麿的三原则，停战言和”。这时日方一手扶植的南北两个傀儡政权因资望不孚，作用不大，因此以“南北统一，恢复国民党政府”为饵，派人与汪精卫秘密接洽。双方一拍即合，即由日方护送汪精卫秘密来到上海。

汪精卫在来沪前，先派陈春圃到上海，与丁默邨、李士群等联系，布置汪精卫来沪后的安全和警卫问题。陈春圃住在“76号”，李士群乘机大献殷勤，极力招待。

不久汪精卫到上海，住在愚园路1136弄内，对外严守秘密。李士群命张鲁兼任警卫总队第一大队长，挑选身强力壮的警卫人员100多人，驻在该弄弄口洋房内，负责汪精卫的安全。

汪精卫到上海后，首先发动宣传攻势，进行舆论准备，不久汪系机关报《中华日报》即在沪复刊。

复刊后的《中华日报》大量散播汉奸言论，汪精卫本人也不时为该报写文章。他在所写的《举一个例》一文中，曾公开宣布，南京未陷落前，蒋介石通过德国驻华大使陶德曼试探日方媾和条件，现拟继续寻求和平途径，以此证明国民党的主要目标是和平，和平未到绝望关头，决不放弃和平等。这篇文章的发表，曾在沦陷区人民中引起很大的反感。

随汪精卫一起脱离重庆的周佛海、褚民谊、陈公博、梅思平等，都是在南京时的“低调俱乐部”成员。

他们伴汪精卫来到上海，赤手空拳，在日军卵翼下生活，而丁默邨、李士群等握有一定的实力，因此，在汪精卫筹备所谓“还都”的活动中，充当了重要的角色。

汪精卫在上海召开了“国民党六中全会”，决定“还都”和“组府”方针。会议是在“76号”召开的，一班汉奸新贵，为了避人耳目，不走正门，都从“76号”的后门开纳路（现武定路)进出。

汪精卫在上海期间，还开了一个“和运遇难烈士追悼会”，追悼在河内被暗杀的曾仲鸣和上海的季云卿等人。

拉帮结派 破坏占领区秩序

特工总部的丁默邨、李士群和唐惠民，勾结在一起，表面臭味相投，骨子里钩心斗角，各有打算。三个人的个性和作风也不相同。丁默邨性情急躁，心地狭窄，动不动使出官僚架子。李士群则比较狡猾，外表和善，但居心阴险，手段毒辣。外人听到李士群的名字，总以为是个杀气腾腾的彪形大汉，其实他五短身材，面貌清秀，一眼望去像“白面书生”。唐惠民则颐指气使，目空一切。因此三人招收党羽，扩充势力的途径也不相同。

李士群着眼于利用金钱收买一批流氓和亡命之徒，当时“76号”的经费来源由江海关关税项下拨给，按月由日本宪兵队送去，由李士群妻叶吉卿保管，负责财务的是李士群的内侄叶耀先。

经济大权操于李士群手，李士群便挥金如土，凡是投到他门下的，首先都可得到一笔巨款，名为“治装”。凡是愿意与之合作或接受指挥的，金钱地位，从不计较，因此，羽党日丰。

如国民党上海区的特务苏成德、马啸天、万里浪等，都为李所收买，死心塌地为李士群效力。苏成德投伪不久，即被委为特工总部的“南京区长”，伪府“还都”，兼任警政部的“特种警察署署长”，以后又调“南京市警察厅长”、“上海市警察局局长”等职。

马啸天初为上海“政治保卫局局长”，后调“南京区长”，“还都”后又任“南京宪兵副司令”。万里浪初任特工总部“第一厅长”，后调“上海政治保卫局局长”等职。

唐惠民的活动对象，大都是文教界人物。他曾拉拢明光中学校长汤增扬

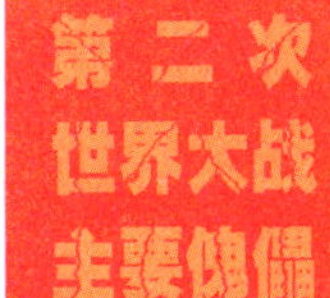

和徐则骧。汤等提出条件，为丁默邨拒绝，汤等表示不干。唐惠民即对汤、徐说：“你们既然不愿参加，还是赶快离开上海的好，否则对你们不利。”汤等即离沪。

等到丁默邨派人去逮捕时，已逃逸无踪。李士群便在丁默邨面前挑拨，说是唐惠民事先通的风。同时唐看到李士群有所要求，丁默邨总是照办，而对自己的请求则百般留难，因此丁唐之间暗地摩擦，已非一朝一夕，更兼李士群从中挑拨，裂痕日深。

某次李、唐的孩子互相争吵，唐借题发挥，指桑骂槐，推翻写字台，表示不干，接着又和叶吉卿大闹一场。唐的行动明系对李士群而发，李士群则装聋作哑佯作不知。

不久，丁默邨要唐惠民去南京筹备特工总部南京区，派唐兼任区长，说是“汪先生即将还都，你的主要任务是到南京为汪先生开路”，其实这是李士群暗中使用的调虎离山之计，把唐惠民赶出了“76号”。

唐惠民到南京不久，李士群又用丁默邨名义电召唐惠民回沪，说有要事商议。唐一到上海车站，即被日本宪兵和“76号”人员押禁于北四川路新亚酒店，说唐在南京有擅自收编土匪等行为，同时改派苏成德为特工总部南京区区长，胡均鹤、萧一城为副区长。

唐惠民在新亚酒店被禁一个多月，经过疏通，才获自由。唐原住“76号”，获释后移居愚园路宏业花园。至1940年李士群任伪警政部长时，才起用唐惠民为“常务次长”，从此唐惠民对李士群唯命是听，以部属自居，不敢再分庭抗礼。

唐惠民离开“76号”后，丁默邨与李士群为了争夺权力，不时发生摩擦，矛盾日益尖锐。李士群不惜以金钱献媚日军，拉拢部属。

汪伪政权成立前，安排伪职，明争暗斗，各显神通。丁默邨本想以原任“特工总部主任”，再兼“警政部长”，而以李士群、唐惠民分任“次长”，这样警政特工可以掌握在手。不料李士群钻营伎俩，远胜于丁。

汪精卫初到上海时，李士群和公馆派的陈君慧、陈春圃等早有勾搭，接

上陈璧君的内线，李士群妻叶吉卿又常在上海、南京的汪公馆走动，里应外合，使丁默邨望尘莫及。

为了不使丁、李之间矛盾加深，“警政部长”一职暂由财政部长周佛海兼任，次长两人，一为李士群，一为邓祖禹，周佛海虽兼“警政部长”，无暇顾及，实权仍操于李士群手。不久，李士群调升部长，以唐惠民为次长，李如愿以偿，唐也感恩不尽，而丁、李之间矛盾激化，终致破裂。

从此以后，李士群更是一帆风顺，除任伪中央执行委员会常委、特工总部主任、警政部部长外，又先后任伪苏浙皖鲁四省行营秘书长、清乡委员会秘书长、调查统计部部长和江苏省政府主席、省长等职。丁默邨则做了4年多的伪社会部长，直到1945年5月，才调任伪浙江省长。

周佛海在伪国民政府“还都”前，有必要依靠李士群在上海的势力，李士群也需要利用周佛海的地位来增强自己的实力，因此彼此互相勾结。

周佛海任伪财政部长后，为了扩充势力，在上海以伪财政部名义，办了一个税警学校，由罗君强任校长，随又成立税警总团，直属于财政部，粮饷装备都较一般伪军为优。

周佛海兼任伪警政部长，虽为过渡性质，但利之所在，从不放松一步。某次，为统一制发伪警制服，周佛海妻杨淑慧与李士群妻叶吉卿发生矛盾，杨要介绍周三宝承包，叶拟介绍上海美罗西服公司高维华承包，双方相持不下，各在自己丈夫面前挑拨是非，周佛海、李士群之间遂存芥蒂。

在上海、南京等地沦陷后的4年中，币制尚未变更，沦陷区人民继续沿用国民党中央银行、中国银行、交通银行、中国农民银行和小四行中南、通商、浙兴、四明等银行钞票，伪华北临时政府发行的华北联合银行钞票，在南方并不通行。伪维新政府发行的华兴银行钞票，虽市面通行，但要按票面八折或九折计算，不久也告停用。

1941年1月6日，伪国民政府成立“中央储备银行”，总行设在南京。同月15日，在上海外滩设立上海分行。这个银行发行的“中储券”，票面分1元、5元、10元、50元四种，还有角分辅币，先在南京、上海两市与国民党

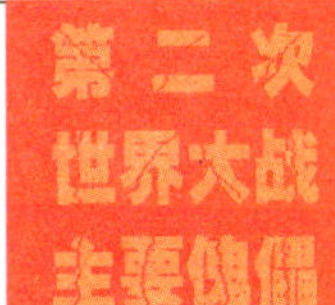

“老法币”等价行使。

当时李士群任伪调查统计部部长、警政部部长兼江苏省政府主席，对在江苏省范围内推行“中储券”，起初采取拖延办法，后经周佛海暗中派人疏通，以“中央”补贴省经费名义，拨出一笔巨款交李士群收受。

李士群才以省政府名义，通令各地尽力协助推行，并指示上海“76号”不择手段地对各银行施加压力，强令推行“中储券”。

“中储券”发行伊始，在上海进行得并不顺利，人民对汪伪政权毫无信心，不愿拿金钱去换废纸，中国、农民等银行拒绝和“中储行”交换。各私营商业银行也采取一致行动，只有私营汇源银行接受收兑。

不久，该行经理季翔卿为国民党驻沪人员暗杀，上海“中储”分行也为人施放定时炸弹，死伤若干人，上海金融界对此深有戒心，“中储”前途显见不利。

1941年12月8日太平洋战争爆发，日军进驻上海公共租界，周佛海即积

日军毒打平民百姓（雕塑）

极策划在上海收回旧法币代以“中储券”。李士群为虎作伥，令“76号”采取措施，在上海金融界制造恐怖气氛。

如1942年3月22日，“76号”在沪西开纳路一次逮捕了大小行员128人，监禁在“76号”。后来这128人，经金融界人士疏通，始获释放。此外，中国农民银行集体宿舍曾发生枪杀惨案，这也是“76号”干的。

在汪伪武力威胁下，上海各银行开始和“中储行”交换，收兑旧法币。1942年3月23日，“中储行”正式挂牌，规定旧法币100元折合“中储券”77元。

这个比率达一月余，自5月20日起至26日止，“中储行”逐日提高牌价，最后规定旧法币100元折合“中储券”50元，为二兑一之比。6月1日，伪财政部正式公告，凡一切债务、契约，均以二兑一比例，用“中储券”偿付，先在苏、浙、皖三省暨南京、上海两市实行，民间旧法币由各地银行钱庄收兑至6月23日为止，逾期旧法币作废，停止使用。

但由于民间仍抱观望态度，收兑一再展期。11月1日，伪财政部公布，自11月1日起至30日止，为收兑旧法币最后期限，逾期没收充公，禁止民间保存。

在伪中储券推行过程中，李士群与周佛海互相勾结，在上海实行恐怖措施，肆意搜刮，又欠下一笔血债。

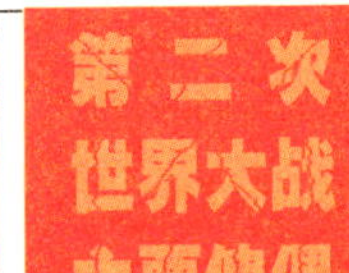

恶贯满盈
死于日伪之手

1940年，汪伪政权成立后，李士群当上了汪伪清乡委员会秘书长、“剿共救国特工总部”负责人、伪江苏省省长，成为显赫一时的人物。这是李士群一生最为得意的时期，势力权力都达到了他一生的最高峰，也为他实现自己的野心提供了条件。

由于李士群曾在中统里干过，他手下的那帮喽啰也多出自军统或中统，他们对国民党特务的工作规律、9行动方式十分熟悉，在争斗中屡屡得手。

国民党在上海、南京的特务组织，经过李士群软硬兼施，遭到了毁灭性破坏，不少军统、中统特务都倒向了汪伪政权。这使得戴笠、陈立夫对李士群恨之入骨，欲除之而后快。戴笠曾命令手下不惜一切代价干掉李士群，但因种种原因都没能得手。

就在陈立夫为李士群大伤脑筋之时，一日忽然接到中统特务赵冰谷带到重庆来的一封信，这封丁默邨写来的信使事情出现了转机。

丁默邨原是中统上海区的特务，后投靠汪伪，当上了李士群主持下的“76号”特工总部主任。在这期间，李、丁两人发生了矛盾，并且积怨日深。后来，两人又为争夺伪警政部长一职结下了新仇。

丁发誓要干掉李士群，他指使其弟丁时俊于1940年暗杀李士群，因射击技术太差，未能命中。

李士群以牙还牙，在这年的5月，乘丁时俊去南京夫子庙喝酒时，派出便衣寻衅斗殴，用酒瓶将其击伤致死。从此之后，李、丁两人积怨更深。

1942年，日本帝国主义露出失败之相。丁默邨为了给自己留条后路，便

向昔日的中统上司陈立夫写信，请求“悔过自新，效命中央”。

就在陈立夫接到丁默邨悔过信的同时，戴笠也收到周佛海请他转交蒋介石的自首书，表示要将功赎罪。这两封信使得陈立夫与戴笠大喜过望，他们分别密电周、丁两人，务必设法剪除李士群，掩护地下工作人员，以此考验他们的自首诚意。

周、丁两人接到重庆方面的密电后，便开始积极准备。经商议，谋杀工作由周佛海主持，丁默邨从旁协助。

为除去李士群，周佛海可谓绞尽脑汁。他先是指使李士群的对头罗君强下毒，李士群没有上钩。接着又让丁默邨向外散布谣言，逢人便讲李士群清乡毫无成绩可言、利用清乡地区的物资移动发了大财等，企图以此引起日本人的不满，干掉李士群。

恰恰在这时，李士群的后台老板日本人晴气庆胤奉调回国，而他的继任柴山对李士群的不听使唤、桀骜不驯早已不满。

日军和汉奸在上海郊区扫荡

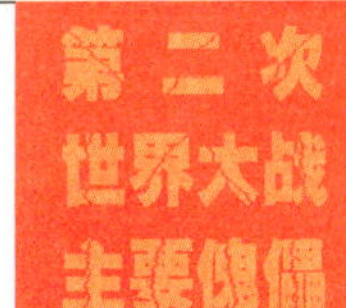

李士群掩护日本宪兵悬赏缉拿的军统特务余祥琴逃脱之事这时又被查知，周佛海乘机找到了日本华中宪兵司令部特高课课长冈村，请他帮助干掉李士群，冈村满口答应。

冈村原打算派人行刺，因为李士群防范很严，几次都没有得手，最后决定用下毒的办法。

这天，李士群接到冈村的邀请，说是在上海百老汇大厦冈村家里为他设宴洗尘，也借机调解他与税警团副团长熊剑东的矛盾。

李士群知道自己结怨很多，所以一般在外边的应酬他很少参加。这次李本不想去，因是日本人请客，碍于面子，他还是硬着头皮去了。

在去之前，李士群做了一些准备。他与随从相约，到了冈村家什么都不吃，连香烟也不抽。还跟一起去的保镖打了招呼，如果过了两个小时还不出来，就冲进去。

到冈村家后，李士群以自己患痢疾未好为由，坐在席上任何东西也不吃。冈村也不勉强，一边与李说着话，劝他与熊剑东和好，一边与熊剑东劝酒吃菜。

席间的谈话似乎很投机，熊剑东坦诚相见，向李士群承认了自己的不对，希望今后能携起手，为了共同的利益一致对外。说着说着，冈村给李士群敬了一支烟，又给他打开了汽水。

熊剑东的一番话使李士群很受感动，他觉得老这样坚持，反而会引起对方的怀疑和不快，于是便放松了警惕，拿起酒杯高兴地与冈村对饮起来。

这时，有个日本女人从厨房捧出一碟牛肉饼。冈村介绍说这是他太太，擅长做这种牛肉饼，今天听说李士群来了特地下厨，请赏光尝一尝味道。

端上来的牛肉饼只有一碟，李顿时起了疑心，放下筷子不敢吃，他把碟子推给了熊剑东，说："熊先生是我钦佩的朋友，应该熊先生先来。"

熊剑东又把碟子推过去，笑着说："冈村太太是专门为你做的，我怎敢掠美。"

李士群又想把碟子推给冈村。

这时，冈村的老婆用盘子又托出三碟牛肉饼，在冈村、熊剑东和随李士群一起去的夏仲明面前各放了一碟。因为四个人面前都有了，李士群也就不好再推了。

冈村解释说：“我们日本人的习惯，以单数为敬。今天席上有四人，所以分两次拿出来，以示对客人的尊重之意。在日本，送礼也是以单数为敬，你送他一件，他非常高兴。要是多送一件，他反而不高兴了。”冈村的一番话，说得在座的都笑起来。

李知道日本人送礼讲单数的习俗，经冈村这么一解释，他也就不再怀疑了。

席上，其他三人面前的牛肉饼都吃得精光，李士群的吃了三分之一。这时的气氛十分融洽，谈着谈着，时间不知不觉过去了一个多小时，李士群要夏仲明下去告诉楼下的保镖，楼上相安无事，时间过了也不要上来。

李士群赴宴回来，已是晚上22时多，家里还有客人在等他。李士群向客人打了个招呼，连忙跑进卫生间抠喉咙，想把在冈村家里吃的东西吐出来，可能是时间太长的缘故，没有吐出来。

两天后，李士群突然感到不适，开始是腹痛，接着上吐下泻，送医院抢救。经检查，李中了阿米巴菌毒。

阿米巴菌是用患霍乱的老鼠屎液培育出来的一种病菌，人只要吃进这种细菌，它就能以每分钟11倍的速度在人体内繁殖。在繁殖期内，没有任何症状，到了36小时以后，繁殖达到饱和点，便会突然爆发，上吐下泻，症状如同霍乱。病人到了这时，就无法挽救了。

没过两天，李士群已奄奄一息，临死前他对人说：“我干了一生特务，没想到到头来却被日本人算计了。”

李士群是日本侵略军和汪精卫伪政权盘踞上海时期沪西“76号”特务魔窟的头子。在汪伪集团中，他历任伪中央执行委员会常委、特工总部主任、警政部长、苏浙皖鲁四省行营秘书长、清乡委员会秘书长、调查统计部部长、江苏省政府主席、省长等职。从1938年附逆发迹起至1943年中毒身死，

前后五年，际会风云，炙手可热，对国家和民族犯下了滔天罪行。

1941年7月1日，江苏省的吴县、昆山、太仓、常熟四个县开始“清乡”，伪清乡委员会成立驻苏办事处，李士群以清乡委员会秘书长名义兼任处长。

1943年9月11日下午，李士群气绝毙命，时年39岁。

过了几天，日本宪兵队忽然要根究李士群中毒消息的来源，并向李公馆办事人员和叶吉卿气势汹汹地追根问底，威胁叶吉卿说：“不可再说李先生是中毒，该说是病死的。”

从此大家再也不敢提起“中毒”二字。据说先前日本驻苏部队和宪兵队并不知道其中的底细，而后接到上级指示，搞清楚内幕，才有彻查中毒消息之举。

图书在版编目（CIP）数据

奴才媚相：第二次世界大战主要傀儡 / 胡元斌主编
. ——北京：台海出版社，2013.8（2021.5重印）
（第二次世界大战纵横录）
ISBN 978-7-5168-0255-7

Ⅰ.①奴… Ⅱ.①胡… Ⅲ.①第二次世界大战—历史人物—生平事迹 Ⅳ.①K815.2

中国版本图书馆CIP数据核字(2013)第188574号

奴才媚相：第二次世界大战主要傀儡　　第二次世界大战纵横录

主　编：胡元斌　严　锴

责任编辑：王　艳　　装帧设计：大华文苑
版式设计：大华文苑　　责任印制：严欣欣　吴海兵

出版发行：台海出版社
地　址：北京市东城区景山东街20号　　邮政编码：100009
电　话：010－64041652（发行，邮购）
传　真：010－84045799（总编室）
网　址：www.taimeng.org.cn/thcbs/default.htm
E-mail：thcbs@126.com

经　销：全国各地新华书店
印　刷：北京九天鸿程印刷有限责任公司
本书如有破损、缺页、装订错误，请与本社联系调换

开　本：710×1000　1/16
字　数：210千字　　印　张：13
版　次：2014年1月第1版　　印　次：2021年5月第4次印刷
书　号：ISBN 978-7-5168-0255-7

定　价：48.00元